제품의 언어

UX CULTURE SERIES

제품의 언어

디지털 세상을 위한 디자인의 법칙

존 마에다 지음

나에게 사람의 말을 알려준 어머니,
엘리노어 '유미' 마에다에게.
당신은 사람들이 대접받기 원하는 대로 대하는
하와이식 방법을 나에게 가르쳐 주었습니다.

나에게 기계처럼 일하는 방법을 알려준 나의 아버지,
요지 마에다에게.
당신은 소비자가 좋아하고 다시 찾는 제품을 만드는
일본식 방법을 나에게 가르쳐 주었습니다.

두 분은 제가 아는 그 누구보다 열심히 일하셨고,
그 덕분에 저는 세계의 어느 대학이든 갈 수 있는 사람이
되었습니다. 두 분께 감사드립니다.

저는 기계의 언어를 배웠습니다.
그리고 어머니 덕분에,
가장 중요한, 사람의 대화법도 잊지 않았습니다.

기술과 디자인을 아우르는
융복합적 사고의 힘

　'제품'의 개념이 바뀌고 있다. 제품이라고 하면 숟가락이나 그릇, 자동차, 컴퓨터, 스마트폰 등 무언가 물질적인 것부터 떠올리는 사람이 많을 것이다. 하지만 최근의 비즈니스·기술·디자인 분야에서는 앱이나 디지털 서비스, 소프트웨어 등 무형의 '디지털'까지도 제품이라고 부른다. 구글이나 넷플릭스, 에어비앤비 같은 IT 기업에서 '제품 디자이너'의 역할은 디지털 서비스를 기획하고 그 경험을 개선하는 것이 되었다. 그리고 이처럼 '스마트한' 제품의 범위는 계속해서 넓어지고 있으며, 이 현상은 계속될 것이다. 어쩌면 일상에서 사용하는 대부분의 제품이 디지털화될지도 모른다. 스마트 제품과 인공지능, 증강 현실 등 비접촉, 비대면의 특성을 지닌 디지털 제품은 코로나바이러스 사태와 맞물려 사회·경제·문화 곳곳에서 급부상했다. 물리적인 사물의 스타일, 외형을 제시하던 디자인은 이제 무형의 솔루션을 창출해 내는 방향으로 진화하고 있다. 비즈니스계는 그들의 제품으로 고객이 삶을 완벽히 즐길 수 있도록, 제품의 기획, 디자인 그리고 생산 단계에 아주 적극적이면서도 강력하게 디지털 전환을 추진하고 있다. 바야흐로 기계의 언어를 이해해야 하는 시대가 도래한 것이다.

MIT 미디어 랩 교수와 로드아일랜드 디자인스쿨Rhode Island School of Design, RISD의 총장을 역임하며 공학과 디자인의 경계를 넘나드는 이력을 지닌 존 마에다는 베스트셀러《단순함의 법칙The Laws of Simplicity》으로 우리에게 심플한 디자인의 원리를 제시했다. 그 후 그는 비즈니스계에 입성하여 워드프레스의 모회사 오토매틱Automattic의 디자인 경영자를 맡은 것을 시작으로 디지털 비즈니스 컨설팅 기업 퍼블리시스 사피엔트Publicis Sapient에서 첨단 기술 기업들의 고객 경험을 관리했으며, 글로벌 벤처 캐피탈 클라이너 퍼킨스Kleiner Perkins의 디자인 파트너, 이베이의 디자인 고문단 의장을 역임하며 디자인과 기술, 그리고 비즈니스를 잇는 그만의 관점을 확립하였다. 이렇게 시대를 앞서가며 기술과 디자인의 교차점에서 쌓아 온 30년간의 경험과 통찰을 녹여낸 결과물이 바로 이 책이다. 그는 이 책에서 우리가 디지털 시대의 디자인 법칙을 스스로 이해하는 것이 얼마나 중요한 일인지, 그리고 이 미래적인 법칙을 어떻게 이해해야 하는지를 위한 놀라운 영감을 제공한다.

마에다는 이 책을 통해 기계가 어떻게 생각하는지에 대한 법칙과 우리가 프로그래머가 아님에도 기계가 생각하는 방식에 관심을 가져야 하는 이유를 말한다. 왜 우리가 이러한 것들에 관심을 가져야 할까? 오늘날 우리 사회에서 기계는 그 어느 때보다 강력한 힘을 지니고 있으며 그 힘의 영향력을 넓혀가고 있기 때문이다. 책의 표현을 빌리자면, 기계는 일단 한 번 작동을 시작하면 멈추지도 지치지도 않는다. 이 특성에 스스로 성장하고 학습하는 능력이 더해진다면, 우리는 예측과 통제가 불가능한, 위험한 기계의 세계를 마주하게 될 수도 있다. 마이크로소프트의 챗봇 테이^{Tay}가 차별을 학습해 혐오를 토해내고, 예측 알고리즘이 선입견을 강화해 인권을 침해했듯이 말이다. 기술과 기계는 우리가 알고 있는 것보다 더 강력하고 빠른 속도로 성장하고 있다. 이 책은 그러한 변화의 흐름에 대비하기 위해 저술되었다. 저자는 오늘날의 디지털 세계와 미래의 디지털 기술 세계에 휴머니즘을 더해 더 나은 세상을 그려가는 방법을 제안하고자 한다.

이 책에는 '기계'라는 단어가 계속해서 등장한다. 여기서 말하는 기계란 연장이나 기구 따위를 말하는 기계(器械)가 아닌, 동력을 써서 움직이거나 일을 하는 장치인 기계(機械)를 뜻한다. 컴퓨터부터 현재의 다양한 디지털 제품들과 미래를 이끌어 나갈 인공 지능까지를 포괄하는 단어가 되겠다. 또한, 마에다는 눈에 보이지 않는 '기계의 언어' 구사 방법을 설명하기 위해 고전적이면서도 기본적인 수학적 개념을 사용하여 기계의 세상을 설명한다. 예를 들어, 프랙탈, 코크 곡선, 코크 눈송이 등을 통해 기계의 무한성과 영원성을 이해시켜 준다. 컴퓨터 내부가 어떻게 돌아가는지를 시각화한 작품을 예시로 들기도 한다. 1993년 마에다는 일본 교토의 디스코텍에서 사람들이 컴퓨터의 각 부품을 맡아 그 역할을 몸으로 표현하게 하는 행위예술을 시도했다. 대중이 디지털을 가깝게 느끼기를 바라며 그것을 시각적 언어로 표현한 것이다. 그리고 부모님의 두부 가게를 돕기 위해 만든 프로그램을 구성한 반복의 특성을 지닌 FOR...NEXT 명령문, 컴퓨터의 속도와 메모리의 한계를 극복하며 훨씬 멀리 있는 컴퓨터와 연결하도록 해 준 1980년대 모뎀의 등장을 통해서도 디지털 제품의 본질을 이해할 수 있다.

이 책은 오늘날 디지털 제품을 기획하고 디자인하고 개발해야 하는 디자이너, 기획자, 개발자 그리고 비즈니스 리더들이 빠르게 다가온 완전히 새로운 세상을 대비하여 바람직한 미래를 그려낼 수 있도록 해 주는 생각의 틀을 제공한다. 그것은 공학, 컴퓨터 과학, 예술, 디자인을 아우르는 광범위한 존 마에다의 경험을 바탕으로 '양날의 검'과 같은 기계를 조심스레 다루며 세상을 변화시키는 방법과, 기계가 제공하는 기회를 완벽하게 활용할 수 있는 미래적 디자인 법칙을 말한다. 상업적인 디자인에만 국한된 이야기가 아니다. 개인과 조직 그리고 사회의 미래를 그리는 디자인 모두를 의미한다.

미래를 디자인하기 위해 유념해야 할 대목은 컴퓨터는 '우리보다 훨씬 협업에 뛰어나다'는 부분과 기술의 힘을 이용한 선동, 불균형을 만들어 내는 디지털 기술의 특성을 주의해야 한다는 존 마에다의 비판적인 목소리이다. 마에다는 다양하고 흥미로운 이야기를 통해 자신이 내다보는 미래를 냉철하게 분석하고 있다. 마에다가 왜 이 책을 썼는지, 왜 디자인을 하는 사람과 기술자는 협동해야 하는지, 그리고 디자이너는 기술의 미래에 어떠한 융복합적 대비를 해야 하는지에 대해 본격적으로 알아가 보자. 기계의 언어를 이해함과 동시에 디지털을 이해하는 디자인 그리고 바람직한 제품, 사업, 세상을 위한 청사진을 그려 나가야 할 때이다.

유엑스리뷰 편집부

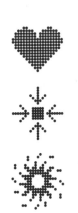

차례/

서문/

2004년 12월 17일 여느 때처럼 춥고 눈 오는 뉴잉글랜드 New England(미국 북동부 지방)의 겨울이었다. 나는 단순함이라는 주제를 연구하기 위해 워드프레스 WordPress(웹 사이트 제작 프로그램-옮긴이)로 블로그를 운영하기 시작했다. MIT에서 연구 방향을 그쪽으로 잡게 되었던 것은 엉뚱한 아이디어 덕분이었다. 어떻게 MIT라는 글자가 SIMPLICITY(단순함)와 COMPLEXITY(복잡함)라는 두 단어에 같은 순서로 등장하냐는 것이었다. 단 내가 블로그 도입부에 썼듯 수스 박사 Dr.Seuss의 과학 실험에서도 약간 영감을 얻었다.

컴퓨터(복잡함의 대표 주자)와 디자인(전통적으로 단순함의 대명사)은 '물과 기름'처럼 어울리지 않는 단어다. 나는 항상 잘 섞이지 않는 이 단어들에 관심이 있었다.

블로그에 올린 게시물들은 이후 《단순함의 법칙》이라는 책으로 출간되어 14개 언어로 빠르게 번역되었다. 이 책의 성공 비결은 무엇이었을까? 컴퓨팅 기술이 일상생활에 막 영향을 미치기 시작한, 아이폰이 등장하기 이전의 시대에 이 책이 등장했기 때문이라고 생각한다. 책의 압도적인 기세와 동시에 애플Apple의 디자인과 기술 융합이 성공하면서, 나는 컴퓨터의 타고난 복잡성 대신에 디자인의 단순성에 묘하게 이끌렸다.

90년대에 나는 일본에서 MIT 전공과는 상관도 없는 그래픽 디자이너로 인턴 생활을 한 적이 있었는데, 인턴 당시에 했던 컴퓨터 업무보다는 디자인의 본질에 대해 더 알아가고 싶다는 생각이 들었다. 어쨌든 나는 공대 학생으로서 MIT의 'T Technology(기술)'를 벗어나기 위해 노력했고 결국 방향을 전환하여 고급 컴퓨팅 기술과 디자인의 교차점을 선도하는 MIT 미디어 랩의 교수가 되었다. 디자인의 미래 그 어딘가에 갇혀버렸다고 느낀 것은 교수 임용의 무게감 때문이었을까. 나는 예전에 하던 일로 돌아가고 싶었다. 시간 남을 때 취미 삼아 취득한 MBA를 어디에 써먹을지 몰랐던 내 심정과, 2008년 갑자기 유행한 버락 오바마Barack Obama의 "Yes, we can.(우리는 할 수 있습니다)"이 과거로 돌아가고 싶은 나의 갈망과 만나서, 나는 예술과 디자인 세계에서는 존경받는 '성지'격인 로드아일

랜드 디자인스쿨의 16번째 총장이 되었다.

　나는 MIT 미디어 랩에서 오랫동안 연구해 온 작업들을 바탕으로 일련의 계획을 세웠는데, 덕분에 '오만한 디자인 지킴이'라는 별명이 생겼다. 예를 들어 회의 전에 불쑥 나타나 Art(예술)의 A를 STEM^{Science, Technology, Engineering, Mathematics}(과학, 기술, 공학, 수학, 네 과목의 철자를 딴 미국의 과학 기술 교육-옮긴이)에 추가해 STEAM으로 바꾸자고 한다거나, 실리콘 밸리^{Silicon Valley}의 벤처 회사인 클라이너 퍼킨스에 다니던 시절, 〈디자인 인 테크 리포트^{Design in Techn Reports}〉를 창간한 일 같은 것들 때문이다. 2019년에는 유명 비즈니스 잡지와 인터뷰를 했는데 '현실에서는 디자인이 그리 중요치 않다.'라는 헤드라인이 뽑히는 바람에 디자인 애호가들의 악성 댓글에 시달리기도 했다. 그들 입장에서 생각해 보면 그리 놀랄 일은 아니다.

　인터뷰 기사에는 길고 짧은 댓글이 수도 없이 달렸고, 나는 무지하고 무례한 답변을 내놓았다. 그러다 애플의 초기 디자인 체계를 잡은 디자인계의 거물이자 내가 우상으로 여기는 하르트무트 에슬링거^{Hartmut Esslinger}가 나의 SNS를 구독했을 때 비로소 나에 대한 논란이 절정에 달했음을 깨달았다. 디자인 업계에서 일종의 낙인이 찍힌 셈이었다. 인터넷에서는 이렇게 된 이상 내가 스스로 물러나야 한다는 의견이 지배적이었고 한동안 어떤 디자인의 성지에서도 나를 반기지 않았다. 그때 내 기분이 어땠느냐고? 최악이었다.

기사는 20분짜리 전화 인터뷰를 토대로 나왔는데 솔직히 말해 기사 제목을 보고 내가 처음 느낀 감정은 이랬다. 편집부가 제목 한번 자극적으로 잘 뽑았구나. 참 존경스럽네. 무수히 많은 창과 칼이 계속해서 나에게 날아왔고 덕분에 한동안은 잡지사 웹 사이트에서 내 인터뷰 기사의 조회 수가 가장 높았다. 무엇보다 속상했던 점은 모두 헤드라인에만 정신이 팔려 인터뷰 전체를 읽은 사람은 거의 없다는 사실이었다. 사람들에게 나는 그저 디자이너들이 매일 하는 작업을 완전히 부정해버린 놈이었고 당연히 벌을 받아야 했다.

사실은 이렇다. 솔직히 말해 나는 요즘 시대에 디자인이 가장 중요하다고는 생각하지 않는다. 그보다 먼저 컴퓨팅 기술을 이해하는 데 집중해야 한다고 생각한다. 컴퓨팅 기술이 디자인을 만나면 마법과 같은 일이 벌어지고, 컴퓨팅 기술이 비즈니스를 만나면 거대한 자본이 따라올 기회가 생기기 때문이다. 컴퓨팅 기술이 무엇이냐고? 20~30대 시절 MIT 캠퍼스에서 발을 뗄 때마다, 40~50대에는 기술 기업과 일을 하고 떠날 때마다 받았던 질문이다.

컴퓨팅 기술은 무한히 크고도 무한히 섬세한, 보이지 않는 외계 우주 같은 것이다. 물리의 법칙을 따르지 않는 원소 물질이면서 전기의 힘을 훨씬 능가하는 인터넷의 동력이다. 경력 있는 소프트웨어 개발자와 기술 산업이 힘을 합치면 그 통제력은 현존하는 국가의 주권을 위협할 정도다. 이는 프로그래밍의 원리를 가볍게 배울 수 있는 '코딩(일정한 프로그램 언어를 써서 프로그램을 작성하는 일) 배우기'와 같은 교육을 받는다고 완전히 이해할 수 있는 것도 아니다. 마치 그들만의 문화와 그들만의 문제, 그리고 그들만의 언어를 가진 다른 나라와 같다. 그 나라의 언어만 아는 것으로는 충분하지 않으며, 언어마저 이해하지 못한다면 말할 것도 없다.

컴퓨터와 인터넷이 어떻게 작동하는지 더 잘 이해하고자 하는 움직임은 전 세계적으로 존재해 왔다. 하지만 컴퓨팅 기술이 발전하는 속도는 인간의 속도와 달라서 기술 중심의 교육 프로그램이 개발되었을 때, 이미 그 기술은 한물가버린 후였다. 인터넷은 가히 폭발적인 속도로 발전했다. 1999년에 BBC 인터뷰가 인터넷에 대한 부정적인 기사를 내자, 미래를 내다본 뮤지션 데이비드 보위David Bowie는 또 다른 해석을 내놓았다. "비로소 이 땅에 외계인의 생활 양식이 도입되었다." 그의 말대로 외계인의 생활 양식이 도입된 이후 세상은 완전히 달라졌다. 디자인의 성지에서 전통적으로 정의해 온 디자인은 이제 우리의 제품 세계에서 더 이상 기본적인 언어로 느껴지지 않는다. 대신에 기술 문맹들을 배제하며, 떠오르는 기술의 성지에서 탄생한 새로운 디자인 법칙들이 세상을 지배하기 시작했다.

컴퓨터 디자인이라고 하는 새로운 형식의 디자인이 등장했다. 이 디자인에서는 종이나 천, 잉크, 철과 같이 현실 세계에서 물리적으로 물건을 만드는 데 쓰이는 것들은 사용할 일이 거의 없다. 대신에 우리가 새로운 컴퓨팅 기술로 창조한 디지털 세계에서 가상으로 만드는 모든 것에 필요한 바이트나 픽셀, 음성과 AI 등이 더 중요하다. 당신의 애인이 보낸 메시지 말풍선, 춥고 비 오는 날 손을 떨며 찍었지만 완벽하게 나온 사진, 당신이 좋아하는 데이비드 보위의 음악을 틀어달라고 스마트 스피커에 이야기했을 때 "네, 틀어드릴게요, 존John."이라고 친절히 대답하는 음성이 바로 그런 것이다. 점점 영리해지는 기기를 비롯한 주변 환경과 새로운 방식으로 소통하려면, 근본적으로 어떻게 컴퓨팅 기술이 우리의 창조 가능성을 극대화하는지 이해해야 한다.

그래서 나는 어떻게 하면 비공학인들도 컴퓨팅 기술에 관한 기초적인 지식을 쌓을 수 있을지, 그리고 그 기본 개념을 바탕으로 컴퓨팅 기술이 제품의 디자인과 서비스를 변화시키는 방법을 보여주려면 어떻게 해야 할지 고민하기 시작했다. 20세기 컴퓨팅은 대부분 군대에서 미사일 궤적을 계산할 때나 쓰였다. 하지만 21세기 컴퓨팅은 비즈니스를 넘어 우리의 일상생활에도 관여하는, 일종의 디자인이다. 컴퓨팅 기술에 대한 깊은 이해와 그로 인해 발생한 독특한 가능성까지 감안하면, 디자인은 더욱 중요해진다. 그러나 보이지도 않는 외계 우주를 직관적으로 이해하기란 쉽지 않다.

이 책은 '순수' 디자인에서부터 디자인에 가장 큰 영향을 미치는 요소인 컴퓨팅 기술의 핵심까지 6년간의 나의 여정을 집합한 결과물이다. 나는 이 책에서 한때는 단순한 형식으로 존재했었지만, 현재 우리가 알고 있는 훨씬 복잡한 형태로 진화한 컴퓨팅 기기의 사고와 문화를 소개할 것이다. 참고로 이 책은 여러분을 컴퓨터 과학 천재로 만들기 위해 쓴 것이 아니다. 따라서 기술적인 개념들은 아주 단순화하였고, 때로는 과하다 싶을 정도로 단순화하여 몇몇 전문가들은 눈썹을 추켜세우며 의아해할 수도 있다. 하지만 나는 여러분이 기술적, 사회적 부분에서 컴퓨팅 기술이 어떻게 동시에 확장되었는지 대략적인 내용으로라도 배우기를 바란다. 아주 인상적이면서도 놀랄 만한 내용이 준비되어 있다.

컴퓨팅 기술에도 문제가 많지만, 대부분은 기술 그 자체의 문제가 아니라 우리가 어떻게 사용하느냐에 관한 문제이다. 우리는 오늘날 사용하는 컴퓨팅 기기들이 전기와 수학으로만 움직이는 것이 아니라, 인간의 모든 행동과 기기를 사용하는 매 순간 얻어지는 통찰력에 의해 움직이는 시대에 들어섰다. 컴퓨팅 기술이 앞으로 어떻게 발전하는지에 책임을 질 사람은 바로 우리들인데도, 실제로 일어나고 있는 일을 모른척하다가 그 피해를 온전히 떠안게 될 것만 같다.

야생 늑대 무리나 소용돌이치는 토네이도처럼 물리적인 것에 대한 공포보다는, 보이지 않고 알지 못하는 것에 대한 공포가 훨씬 더 크기 때문에, 우리는 몇 안 되는 기술 기업의 리더들에게 책임을 전가하려 하게 될 것이다. 오늘날의 TV와 영화에서 기술의 불쾌함을 널리 묘사하는 이유도 이 공포에 있다. 형체도 없고 보이지도 않는 외계의 힘, 즉 인터넷은 이미 우리 가까이에 존재하며 조심스레 당신의 자녀들을 유혹해 해를 입히려 하는, 완벽한 두려움의 대상으로 나타나고 있기 때문이다.

나는 무언가를 두려워하느니 궁금해하는 것이 낫다고 믿어왔다. 두려움은 사람을 파괴적으로 만들지만, 호기심은 창의력을 이끌어내기 때문이다. 디자인의 성지와 기술의 성지 사이를 오가며 쌓은 경험 덕분에 나는 항상 호기심을 잃지 않았다. 더 깊게 생각해 보면 내가 여전히 바보처럼 꿈꿀 수 있는 것은 숱한 실패 덕분이다. 왜 실패는 성공의 어머니라 하지 않던가. 솔직히 말하면 나는 다른 평범한 사람들과 다를 것이 없다. 피곤하고 게으르고, 누군가 영웅처럼 나타나 나를 보호해 주고 우리 모두를 위해 싸워 주기를 바랄 뿐이다. 사람들은 컴퓨팅 기술이 기본적으로 할 수 있는 것과 할 수 없는 것에 관한 이해가 부족하다. 다른 사람을 이해하는 데 힘을 쏟는 대신, 당신이 컴퓨팅 세계에서 호기심을 발휘해 보기를 바란다.

어쩌면 내가 이 책을 쓴 목적이 바로 당신일 수 있다. 바로 당신이 세계가 그토록 기다리던 영웅일 수도 있다. 당신이 창의력과 호기심을 기술에 접목하여 힘을 발휘할 많은 이들 중 한 명일 수도 있지 않은가. 오늘날 우리가 컴퓨팅 기술의 힘을 넘어선 커다란 발자국을 내딛으려면 그런 영웅이 필요하다. 비록 그 영웅이 사춘기 소년의 양심처럼 갈팡질팡하더라도 말이다. 여러분들이 컴퓨터 세계에 첫발을 내딛는 순간 우리 1세대 기술자들이 아직 상상하지 못한 무언가를 찾아낼 수도 있다. 만약 찾아내 그것을 성공으로 이끈다면 우리 모두에게 좋은 본보기가 될 것이다. 언젠가 여러분에게 그런 영웅적인 순간이 찾아오기를 바란다. 하지만 먼저 기계의 언어를 말하는 법부터 소개하겠다.

법칙 1

디지털 제품은
끊임없이 반복한다

1/ 컴퓨터는 반복에 뛰어나다

학창 시절 체육 시간의 나는 항상 열등생이었다. 반에서 가장 뚱뚱하기도 했고, 아무리 애를 써도 모든 공은 크든 작든 잡지도 던지지도 못했다. 체력 면에서 내 유일한 강점은 가족에게도 군인 정신을 요구한 아버지 덕분에 생긴 '안 자고 버티기' 정도였다. 이런 능력이 체육 시간에 쓸모가 있을 리 없어서, 운동장을 돌 때마다 모든 급우에게 따라 잡히기만 했다. 그렇게 운동장을 도는 동안 나는 힘든 건 둘째 치고 너무 지겨웠다. 하지만 달리기를 못한다고 해서 다른 아이들도 지쳤다는 걸 모르지는 않았다. 반에서 가장 빠르다는 친구도 내가 결승선에 도착할 때까지 숨을 헐떡이고 있었기 때문이다. 체력이 좋든 나쁘든 우리는 모두 결국 지쳐 버릴 한낱 동물에 불과하다.

컴퓨터가 인간, 동물, 다른 어떤 기계보다 잘하는 한 가지가 바로 반복이다. 1부터 1,000까지, 아니 10억까지 세라고 해도 컴퓨터는 지겹다고 투덜거리지 않는다. 그저 0에서 시작해서 목표 숫자까지 1씩 더하라고 말하기만 하면, 컴퓨터는 군말 없이 해낸다. 예를 들어 아래 코드(정보를 표현하기 위한 기호의 체계) 세 줄을 컴퓨터에 입력해 보자.

```
top = 1000000000
i = 0
while i < top: i = i + 1
```

컴퓨터는 1분 안에 10억까지 세어 나의 명령을 완벽하게 이행한 후 다음 할 일을 달라고 기다릴 것이다. 나에게 충성을 다하는, 아주 열심인 녀석이다.

잠깐 생각을 해 보자. 쳇바퀴를 도는 햄스터는 돌고 또 돌다 보면 결국에는 지친다. 트랙 위를 도는 F1 레이싱 카도 결국에는 연료가 떨어져 멈춰야만 한다. 오히려 햄스터가 멈추지 않는다면 그게 더 걱정스러운 일이다. 섬뜩하다는 생각부터 들수도 있다. F1 레이싱 카가 주유소에 들르지 않고 영원히 달린다면 우리는 누가 마법이라도 부렸나 할 것이다.

하지만 프로그램을 실행하는 컴퓨터는 전원이 켜진 한, 힘과 열정을 잃지 않고 영원히 돌 수 있다. 여느 기계들처럼 표면 마찰이나 중력의 영향을 받지 않는, 완벽하게 동작하는 초특급 기계인 셈이다. 컴퓨터의 이런 점이 바로 피곤하고 낡고 삐거

덕거리는 세상과 구별되는 첫 번째 특성이다.

내가 처음 루프(프로그램에서 일련의 명령을 반복 실행하는 것)의 매력에 푹 빠지게 된 것은 1979년 중학교 1학년 때다. 나는 컴퓨터라는 것을 그때 처음 접했다. 지역에서 가난한 편에 속했던 우리 동네에서는 컴퓨터를 접할 기회가 거의 없었는데, 나는 시민운동의 일환으로 인종 차별 정책이 폐지된 덕분에 가깝지만 낙후한 학교 대신 버스로 한 시간이 걸리는 좋은 학교에 다녔다.

당시 코모도어^{Commodore}라는 유명 컴퓨터 회사가 있었다. 미국과 유럽에서 그래도 몇천 명 정도는 코모도어의 명성을 인정할 것이므로 유명 회사라 칭하겠다. 과거에는 개인용 컴퓨터가 평범한 가정에서는 살 수 없는 가격이었기 때문에 그다지 개인적으로 쓰이지 않았다. 당시에 미국에서는 형광 녹색으로만 글씨를 나타내는 작은 화면에 작은 접촉식 키보드, 저장 장치로는 카세트테이프를 사용한 코모도어 PET^{Personal Electronic Transactor}(개인 전자 처리기)가 생산되었다. 저장 용량은 8킬로바이트였고, 처리 속도는 1메가헤르츠였다. 요즘 사용하는 휴대 전화의 평균 용량은 8기가바이트, 처리 속도는 2기가헤르츠이니 용량은 백만 배, 처리 속도는 천 배 이상 증가한 셈이다.

인터넷은 아직 없었기 때문에 뭘 검색할 수도 없었다. 마이크로소프트Microsoft도 없었으므로 워드 프로세서나 스프레드시트를 활용해 학교 숙제를 하지도 못했다. 터치스크린이나 마우스도 없어서 모니터에 표시되는 내용과 바로 소통이 되지도 않았다. 컬러로나 흑백으로나 그림을 표시할 픽셀이 없었으니 정보를 시각적으로 표현할 방법도 없었다. 글자체는 한 가지에 알파벳은 대문자뿐이었다. 위, 아래, 왼쪽, 오른쪽 방향키를 눌러 컴퓨터 화면을 '탐색'해야 했다. 어떤 기능이 필요하면 직접 프로그램에 기능을 구현하도록 입력하거나 책이나 잡지를 보고 한 줄 한 줄 베껴 적어야 했다.

여러분도 알겠지만 교실에 있는 컴퓨터는 잘 쓰이지 않았다. 쓸모가 없을뿐더러 경험상 영혼이 없었다고나 할까. 유익한 그림도 없고, 빵빵한 음향이나 최신 음악도 없었다. 재미있는 응용 프로그램을 사용할 권한과 환경도 갖춰지지 않았다. 그저 할 일을 입력해 달라고 기다리며 네모난 커서를 깜빡이기만 할 뿐이었다. 그리고 용기를 내 무언가를 입력하면, 대문자로 SYNTAX ERROR(구문 오류)라고 내뱉기 일쑤였다. 그 의미는 '너는 틀렸다. 나는 이해할 수 없다.' 정도로 해석된다.

그러니 컴퓨터에 관심을 가진 학생들이 몇 안 되는 것도 놀랄 일은 아니다. 나처럼 공감 능력이 약간 떨어진 학생들이나,

자판을 누르는 족족 틀렸다는 소리를 들어도 마음의 상처를 입지 않는 학생들 정도만이 컴퓨터에 계속 관심을 두었다. 나에게 첫 프로그램을 보여준 사람은 부모님이 보잉^{Boeing}사에서 컴퓨터 관련 일을 하셨던 내 친구 콜린^{Colin}이다. 콜린은 PET에 아래의 프로그램을 구문 오류 하나 없이 후다닥 입력했다.

```
10 PRINT "콜린"
20 GOTO 10
```

그리고 나에게 RUN을 입력해 보라고 했다. 나는 다음에 일어나는 일을 보고 깜짝 놀랐다. 컴퓨터가 '콜린'을 계속해서 출력하기 시작한 것이다. 나는 글씨가 언제까지 나오는지 물어보았고 콜린은 "영원히"라고 대답했다. 걱정이 되었다. 그러자 콜린은 컨트롤-C를 눌러 프로그램을 종료했다. 깜빡이는 프롬프트가 다시 돌아왔다.

콜린은 첫 번째 줄을 다시 입력하고, 이번에는 한 칸을 띄우고 세미콜론을 찍었다.

```
10 PRINT "콜린 ";
```

그리고 RUN을 입력하자 아래와 같은 일이 벌어졌다.

콜린 콜린 콜린 콜린 콜린 콜린 콜린 콜린 콜린
콜린 콜린 콜린 콜린 콜린 콜린 콜린 콜린 콜린
콜린 콜린 콜린 콜린 콜린 콜린 ...

출력이 다시 시작되어 화면이 넘어가고 있었다. 나는 내 이름이 영원히 불리는 장면을 확인하고자 직접 해 보기로 했다.

```
10 PRINT "마에다 " ...
```

마에다 마에다 마에다 마에다 마에다 마에다 마에다 마에다 마에다 마에다 마에다 마에다 마에다 마에다 마에다 마에다 ...

이후 나는 컴퓨터에 관심을 보이는 사람이면 누구에게나 이 '내 이름을 불러줘' 마법을 보여 주었다. 같은 반 친구이자 약간 그렇고 그런 감정이 있었던 제시카^{Jessica}에게도 보여 주었다. 제시카가 "또 뭘 더 할 수 있는데?"라고 묻는 순간 나의 컴퓨터 전문 지식은 밑천을 드러냈다. 큰일이다.

하지만 이는 내 호기심을 발동시켰다. 나는 당시 볼 수 있었던 두 개의 컴퓨터 잡지 중 하나인 〈바이트^{Byte}〉를 읽기 시작했다. 과거에는 사용 가능한 소프트웨어가 거의 없었기 때문에, 프로그램을 작성하는 법을 배우는 것이 매우 중요했다. 〈바이트)는 컴퓨터에 알아서 입력만 하면 되도록 컴퓨터 프로그램 전문을 여러 페이지에 걸쳐 정기적으로 수록하곤 했다. 문제는 내가 정기적으로 사용할 수 있는 컴퓨터가 없다는 것뿐이었다.

다행히 나의 어머니 엘리노어Elinor는 항상 멀리 내다보셨고 자식들이 더 크고 멋진 일을 할 수 있다고 믿어주셨다. 어머니는 우리 가족이 운영하던 시애틀Seattle의 작은 두부 가게에서 번 돈을 모아 나에게 애플Ⅱ 컴퓨터와 엡손Epson 프린터를 사 주셨다. 나의 첫 컴퓨터 프로그램은 어머니에게 보답할 겸 어떻게든 두부 가게에 도움이 되는 방향으로 만들면 좋겠다고 생각했다. 나는 어머니의 시간을 조금이라도 아껴줄 수 있는 월별 정산 프로그램을 작성하기 시작했다. 정기 고객의 주문을 매주 직접 입력받아 월말에 정산 내역을 출력하는 프로그램이었다.

고등학교 1학년 때 나는 제법 타자 속도가 빨랐고 어머니를 돕겠다는 일념으로 열과 성을 다해 프로그램을 작성했다. 매일 방과 후 프로그래밍에 몰두했고 약 3개월이 걸렸다. 내가 막혔던 부분은 윤년을 어떻게 처리하느냐는 문제였다. 만약 입력 루틴을 1년 365일로 만들면, 4년마다 문제가 생길 텐데. 결국에는 직접 부딪치는 수밖에 없었고, 나는 365개의 입력 루틴을 완료할 때까지 계속해서 타자만 쳤다. (당시에는 복사 붙여넣기 기능도 없었다) 단순 노동이었다. 하지만 어머니가 처음으로 프로그램을 사용하여 월정산 내역을 출력했을 때 느낀 깊은 만족감을 나는 여전히 기억한다.

성공의 맛을 본 직후 고등학교 1학년 수학 담당이었던 모이어^{Moyer} 선생님은 나에게 자신이 가르치는 방과 후 컴퓨터 교실에 나오라고 했다. 컴퓨터 프로그래밍 좀 하는 놈으로 소문이 난 것이다. (나는 그때의 내가 컴퓨터 얼간이라고 생각하지만) 천 줄에 육박하는 프로그램을 성공적으로 작성한 후 나는 모이어 선생님의 컴퓨터 수업을 듣는 다른 학생들에 비해 내가 너무 전문가이기 때문에 그 수업이 내 수준에 맞지 않는다고 생각했다. 하지만 내가 수업에 나간 첫날 모이어 선생님이 FOR… NEXT(지정한 문장^{statement}의 반복을 지시하는 입력문) 명령을 사용하여 만드는 루프를 알려주던 것이 생생하게 기억난다. 그 이야기를 듣자마자 나는 땀이 났다. 무언가 엄청난 바보짓을 했다는 것을 깨달았을 때 나는 식은땀이었다.

그날 저녁 집으로 돌아와 나는 365개의 입력문을 가진 장황한 프로그램을 살펴보았다.

```
10 DIM T(365), A(365) : HOME
100 REM 연간 두부와 초밥 판매량을 매일 기록하는
    프로그램
110 REM 프로그래머들은 이렇게 혼잣말을 한다고
120 PRINT "DAY 1"
130 PRINT "두부 몇 개?"
140 INPUT T(1)
150 PRINT "두부 주문 개수는", T(1)
160 PRINT "초밥 세트 몇 개?"
170 INPUT A(1)
180 PRINT "초밥 세트 주문 개수는", A(1)
190 PRINT "계속하시겠습니까? 0을 누르면 나가기, 1
    을 누르면 계속합니다."
200 INPUT ANSWER
210 IF (ANSWER = 0) GOTO 9999
220 PRINT "DAY 2"
230 PRINT "두부 몇 개?"
240 INPUT T(2)
250 PRINT "두부 주문 개수는", T(2)
260 PRINT "초밥 세트 몇 개?"
270 INPUT A(2)
280 PRINT "초밥 세트 주문 개수는", A(2)
290 PRINT "계속하시겠습니까? 0을 누르면 나가기, 1
    을 누르면 계속합니다."
```

```
300 INPUT ANSWER

310 IF (ANSWER = 0) GOTO 9999

320 PRINT "DAY 3"

330 PRINT "두부 몇 개?"

340 INPUT T(3)

350 PRINT "두부 주문 개수는", T(3)

360 PRINT "초밥 세트 몇 개?"

370 INPUT A(3)

380 PRINT "초밥 세트 주문 개수는", A(3)

390 PRINT "계속하시겠습니까? 0을 누르면 나가기, 1
    을 누르면 계속합니다."

400 INPUT ANSWER

410 IF (ANSWER = 0) GOTO 9999

420 PRINT "DAY 4"

430 PRINT "두부 몇 개?"

440 INPUT T(4)

450 PRINT "두부 주문 개수는", T(4)

460 PRINT "초밥 세트 몇 개?"

470 INPUT A(4)

480 PRINT "초밥 세트 주문 개수는", A(4)

490 PRINT "계속하시겠습니까? 0을 누르면 나가기, 1
    을 누르면 계속합니다."

500 INPUT ANSWER

510 IF (ANSWER = 0) GOTO 9999
```

```
520 PRINT "DAY 5"
530 PRINT "두부 몇 개?"
540 INPUT T(5)
550 PRINT "두부 주문 개수는", T(5)
560 PRINT "초밥 세트 몇 개?"
570 INPUT A(5)
580 PRINT "초밥 세트 주문 개수는", A(5)
590 PRINT "계속하시겠습니까? 0을 누르면 나가기, 1
    을 누르면 계속합니다."
600 INPUT ANSWER
610 IF (ANSWER = 0) GOTO 9999
620 REM 최대한 빠른 타자 실력으로 360번 더 입력한다.
9999 PRINT "데이터 입력 완료"
```

이렇게 무려 360번을 더 했다.

나는 1년 365일을 1부터 365까지 숫자로 나타냈고 장황한 프로그램으로 묶어 버렸다. 가게에서는 두부와 초밥 세트 외에도 유부초밥 등 메뉴 대여섯 가지를 더 팔았고 이보다 훨씬 더 많은 코드가 있었다. 그래서 날짜마다 입력할 내용도 많았다. 내가 코드에 다 적지는 않았지만, 어머니가 데이터를 입력하는 작업을 더 명확하게 하실 수 있도록 논리를 구현하느라 GOTO 구문도 많았다.

나는 모이어 선생님께 새롭게 배운 기술을 활용하여 프로
그램을 다시 작성했다.

```
10 DIM T(365), A(365) : HOME
100 REM 모이어 선생님 감사합니다.
110 FOR I = 1 TO 365
120 PRINT "DAY", I
130 PRINT "두부 몇 개?"
140 INPUT T(I)
150 PRINT "두부 주문 개수는", T(I)
160 PRINT "초밥 세트 몇 개?"
170 INPUT A(I)
180 PRINT "초밥 세트 주문 개수는", A(I)
190 PRINT "계속하시겠습니까? 0을 누르면 나가기, 1
    을 누르면 계속합니다."
200 INPUT ANSWER
210 IF (ANSWER = 0) GOTO 9999
220 NEXT
230 REM 작성 끝. 쉬자!
9999 PRINT "데이터 입력 완료"
```

끝!

나는 각 40여 줄의 코드를 365번이나 써 놓은, 약 1만

4,600줄에 육박하는 코드를 바라보았다. 30분도 지나지 않아 코드는 50줄 미만이 되었다. 자신감이 뚝 떨어졌다. 그동안 수동으로 맨땅에 헤딩하듯 해놓은 일을 자랑스럽게 생각했다니. 만약 내가 컴퓨터가 생각하는 방식인 루프를 떠올렸더라면, 훨씬 우아하게, 자동으로 작업을 완료했을 텐데 말이다. 내가 컴퓨터에 반복적인 일을 주는 올바른 방법을 배우기만 하면 되는 것이었다. 그러면 마치 태엽을 감아서 놓아주기만 하면 달리는 장난감 자동차처럼, 내 프로그램도 알아서 굴러갔을 것이다.

컴퓨터에 같은 일을 반복하게 하는 것은 우리가 컴퓨터의 부족한 지능을 부려먹는 것처럼 보인다. 하지만 사실은 그보다 먼저 반복을 코드라는 예술의 형태로 바꿀 수 있도록 우리 스스로 지능 계발에 힘써야 한다. 기계는 고유의 어휘와 문법을 가지고 말하는 외국어와 같아서, 이 짧은 책을 읽는 것만으로 제품의 언어를 이해하기에는 역부족이니 자만해서는 안 된다. 이 책에서 나는 컴퓨팅 기술의 요점만을 알려주고, 소프트웨어가 도대체 무엇인지 그 핵심으로 다가갈 수 있도록 방향을 제시해줄 것이다.

2/ 눈에 보이는 하드웨어, 눈에 보이지 않는 소프트웨어

2000년대 초반 미디어 랩에 있을 때 모토로라^{Motorola}의 임원과 시간을 보내며 모토로라의 상징이라 할 수 있는 스타택 ^{StarTAC} 플립 폰(접이식 휴대 전화로, 스마트폰 이전 유행했던 휴대 전화의 일종-옮긴이)이 휴대 전화 상용화에 성공한 신화에 관해서 이야기한 적이 있다. 나는 플립 폰의 잠재력이 어마어마하다고만 생각했는데, 그 임원은 동의하지 않았다. 모토로라의 휴대 전화 시장은 실제로 정체되기 시작했고, 그의 예언은 적중했다.

그리고 당시 그가 설명해 주었던 사실들은 나의 마음에 두고두고 남아 있다. 예전에 그는 아주 대단한 하드웨어 기기를, 쉽게 버릴 수 있는 CD-ROM 한 장과 함께 받아보게 될 것이라 확신에 차서 말한 적이 있다. 하지만 곧 닥쳐온 세상은 어떻게 보면 완전히 반대였다. 소프트웨어를 취하고 하드웨어를 버리는 세상이 된 것이다. 그는 모든 종류의 응용 프로그램이 작동하는 실제의 물리적 기기보다는 소프트웨어에 훨씬 더 의존하는, 바로 오늘날 우리가 살고 있는 시대를 내다보지 못했다.

대부분의 소프트웨어가 외형이 존재하기 때문에 우리는 그겉만 보고 소프트웨어가 실제 디지털 제품이라고 쉽게 착각한다. 하지만 화면에 보이는 응용 프로그램은 바로 옆의 시끌벅적한 주방과 테더링 연결이 된 것뿐인, 패스트푸드 가게의 드라이브 스루와도 같다. 드라이브 스루에서 주문받는 기계를 분해한다고 가게가 어떻게 돌아가는지 전혀 알 수 없듯이 컴퓨터 화면 속 픽셀들은 연결된 컴퓨터 기기에 대해 아무것도 알려주지 않는다.

응용 프로그램을 실행하는 하드웨어 기기를 열어보면 내부가 복잡해 어렵게 느껴질 수 있지만, 화면, 배터리나 전원, 다른 부품들을 알아볼 수 있다. 물리적인 세계에 존재하는 것은 열어서 만져보고 이해할 수 있기 때문이다. 현실의 기계들은 전선, 기어, 튜브 등 이해할 수 있는 것들로 만들어졌고 디지털 세계의 기계들은 '비트'라거나 '0과 1' 등 보이지 않는 것들로 만들어졌다.

하지만 앞에서 소개한 부모님의 두부 가게 정산 프로그램의 코드는 어떠한가? 베이직^{BASIC}(프로그래밍 언어의 일종-옮긴이)으로 작성된 소프트웨어는 눈으로, 귀로 읽을 수 있다. 소프트웨어가 보인다? 그렇기도 하고 아니기도 하다. 어떻게 보면 프로그램 코드는 소프트웨어의 핵심이고 코드를 읽을 수도 있지만, 이는 케이크와 케이크 레시피를 혼동하는 것과 같다. 소프트웨어는 프로그램 코드로 인해 기계의 내부에 생겨난 것이다. 이것은 케이크이지, 케이크 레시피가 아니라는 말이다. 조금은 어려운 개념이다.

컴퓨터의 '머리'에서 실행되는 소프트웨어와 컴퓨터에 작성된 실제 코드 간 차이를 이해하는 것은 컴퓨터 내에서 무슨 일이 일어나는지 개념화할 수 있다는 점에서 유용하다. 그 차이를 이해하면 컴퓨터 코드가 그냥 눈으로 보이는 그 컴퓨터 코드일 뿐이라고 믿는 데서 벗어날 수 있다. 실제로 코드가 나타내는 것은 바로 잠재된 능력이다.

이 페이지에서 설명하는 것도 당신의 마음속에 어떠한 불꽃을 일으킨다는 점에서 같은 맥락이며, 실제로 읽히는 단어 이상의 보이지 않는 아이디어이다. 그리고 잘 쓰인 책(이 책도 포함되기를 바란다)에서 얻는 상상력이 얼마나 강력한지 알게 된다면, 이전에는 불가능하다고 생각했던 일들을 가능하게 하는 힘을 얻는다. 잘 만들어진 컴퓨터 프로그램은 손가락 터치나 더블 클릭만으로 마치 마른 스펀지가 물을 흡수하는 마법

같은 순간처럼, 보이지 않던 생각을 즉각 나타낸다.

컴퓨팅 기기는 내가 MIT에 입학하던 1984년에 윌리엄 깁슨^{William Gibson}이 낸 소설 《뉴로맨서^{Neuromancer}》에서 처음 등장한 용어인 '사이버 공간^{cyberspace}' 안에서 자유롭게 상상할 수 있다.

> 합법적 운영자부터 수학 개념을 배우는 어린 아이들까지, 모든 국가에서 매일 수십억 명이 자발적으로 사이버 공간이라는 환각에 빠졌다. … 상상할 수도 없는 복잡성. 마음이라는 비공간, 데이터 무리와 성단에 포진된 빛의 줄기들. 도시의 불빛이 멀어지는 것처럼 …

몽롱하다. 하지만 정확한 표현이다. 최소한 내가 보이지 않는 세계인 기계의 '내부'에서 경험한 본능적인 느낌과 비슷하다. '내부'에 따옴표로 중요 표시를 한 이유는 응용 프로그램의 껍데기에는 아무것도 없기 때문이다. 인터넷이 등장하기 이전에도 컴퓨팅 기기가 활용되는 세계가 있었고, 지금은 인터넷을 비롯해 통신 가능한 기기가 상용화된 덕에 그 세계는 널리 확장되었다. 나처럼 처음부터 이 세계에 발을 담근 운 좋은 얼간이들은 한 번쯤 기대했을 그 세계 말이다. '매일 수십억 명이 자발적으로 사이버 공간이라는 환각에 빠졌다.'라는 깁슨의 문장은 한편으로 페이스북Facebook을 포함해 오늘날 우리가 사용하는 소셜 미디어 서비스나 3D 가상 세계에서 멋지게 펼쳐지는 멀티 플레이어 비디오 게임을 떠올리게 한다. 또는 깁슨이 언급한 '상상할 수도 없는 복잡성'이라는 덜 구체적인 표현은 '마음이라는 비공간, 데이터 무리와 성단에 포진된 빛의 줄기들.'이라는 시적인 묘사에서 내가 떠올리는 것을 더 잘 나타낸다.

눈치챘겠지만 내가 이 주제를 이토록 열심히 설명하는 이유는, 여러분이 나처럼 이해하기를 간절히 바라기 때문이다. 1993년 교토의 디스코텍에서 사람들이 컴퓨터의 부품을 맡아 포즈를 취하는 작품으로 컴퓨터의 내부 작업을 시각화하거나, 2005년 파리의 까르띠에 재단Cartier Foundation에서 열린 전시에서 수십억 입자들이 벌처럼 붐비는 9개의 대형 스크린을 띄움으로써 나는 더 많은 사람이 디지털을 가깝게 느끼기를 바랐다. 왜냐고? 기계의 언어를 말하기 위해서는 기계의 세상을 살아야 하기 때문이다. 그리고 안타깝게도 그 세상은 눈에 보이지 않는다.

이를 이해하기 위한 방법 중 하나는 전문 컴퓨터 프로그래머가 되는 것이지만, 모두가 컴퓨터 프로그래머가 될 수는 없는 노릇이다. 이 책의 전반에 걸쳐, 컴퓨터 산업 종사자들은 어떻게 보이지 않는 것을 포괄적으로 '보는지'의 적절한 예가 바로 깁슨의 상상력이 만들어낸 사이버 공간이라는 것을 설명할 것이다.

사이버 공간으로 완전히 들어가기 전에 이 책의 마지막 챕터, 기계는 불균형을 만들어 낸다는 주제를 잠깐 생각해 보자. 이는 디지털 제품의 역사 속 보이지 않는 측면을 조사하기 위해서 알아두면 좋다. 다른 어떤 효율적인 디지털 제품과 마찬가지로 인간의 역사는 계속해서 반복하고, 그것은 결국 변하지 않는 사실이다. 그러니 기계에 너무 흥분하기 전에 인간이 눈에 보이는 컴퓨터의 일종이었던 과거를 살펴봄으로써 보이지 않는 것들을 받아들여 보자. 그리고 그 과정에서 디지털 제품의 역사를 다시 쓰게 될 기회를 얻을 것이다. 다시 쓰는 역사에는 불합리하게 사라져 버린 수많은 여성 전문가들이 포함될 것이다.

3/ 최초의 컴퓨터는 인간 계산원이었다

최초의 컴퓨터는 기계가 아니라 숫자로 일하는 인간이었다. 1613년 영국의 작가 리처드 브레이스웨이트^{Richard Braithwaite}는 '현존하는 최고의 산술가'를 '이 시대의 가장 정확한 계산원'이라고 설명했다. 몇 세기가 지나고 1895년 《센추리 대사전 Century Dictionary》에서는 '컴퓨터'를 아래와 같이 정의한다.

계산하는 사람; 계산원; 계산기; 특히 수학, 천문학, 지리학 등을 위해 산술 계산을 하는 사람. computor라고 쓰기도 함.

20세기 초기에서 중기에 이르기까지 '컴퓨터'라는 단어는 종이와 펜을 가지고 일하는 사람을 지칭했다. 미국에 대공황이 찾아오지 않았더라면 그렇게 많은 인간 계산원이 있지는 않았을 것이다. 일자리를 창출하고 경제를 활성화하기 위한 수단으로 공공산업진흥국^{Works Progress Administration, WPA}은 기술이 없는 미국인 수백 명을 여러 가지 수학 공식들의 표를 손으로 직접 작성하는 일에 10년 이상 고용하기 위해 수학자 거트루드 블랜치^{Gertrude Blanch} 박사를 내세워 수학적 표 프로젝트^{Mathematical Tables Project}를 에 착수했다.

자연 상수 e나 삼각함수 sin의 값 등은 오늘날 공학 계산기에서 쉽게 찾아낼 수 있는 숫자들이지만 당시에는 표 형태로 미리 계산된 값을 두꺼운 책 28권을 뒤져 직접 찾아야 했다. 최근에 나는 이 희귀한 책 중 하나를 중고 시장에서 구해서 매우 기뻤는데, 블랜치 박사가 공동 저자에 이름이 올라가지 않았다는 것을 발견했다. 전통적인 계산법에 보이지 않는다는 문제가 있다면, 사람의 계산에도 보이지 않는 문제가 있다는 것을 깨달았다.

수학 애호가 수백 명이 모두 종이와 펜을 쥐고 계산을 하는 수많은 방을 생각해 보자. 이 사람들이 때때로 얼마나 지루해했을지, 그리고 간식을 먹거나 화장실을 쓰거나 집에서 저녁을 먹기 위한 휴식 시간을 얼마나 필요로 했을지도 상상해 보자. 게다가 인간은 때때로 실수를 저지른다. 전날 파티에서 신나게 놀고 늦게 출근한 사람은 그날은 계산 실수를 한두 개쯤 할 확률이 높다. 우리가 오늘날 사용하는 컴퓨터와 비교하면 솔직히 인간 계산원은 느리고 일관성이 없으며, 요즘 디지털 컴퓨터는 절대 하지 않는 실수를 종종 하기도 한다. 하지만 컴퓨팅 기기가 인간 계산원을 대체하기까지는 견딜 수밖에 없었다. 앨런 튜링Alan Turing의 튜링 기계Turing machine가 바로 여기에서 등장했다.

튜링 박사가 1936년에 발표한 논문 '계산 가능한 수와 결정 문제의 응용에 관하여On Computable Numbers, with an Application to the Entscheidungsproblem'에서 튜링 기계라는 아이디어가 처음 등장했다. 이는 긴 종이테이프에 숫자를 읽고 쓰는 두 가지 기본적인 행위와 종이테이프의 어떤 부분에서도 쓰기와 읽기 능력을 사용할 수 있는 '컴퓨팅 기기'이다. 기계는 테이프의 어느 위치에 숫자를 쓰거나 지워야 하는지 결정하는 상태 코드를 가지고 있으며 그대로 실행하여 계산이 이루어진다.

비록 실제로 계산이 이루어지는 기기는 당시의 기술로 만들 수 없었지만, 튜링은 현대 컴퓨터의 기반이 되는 아이디어를 개발했다. 튜링은 그 기계에 프로그래밍 코드가 적힌 테이프를 저장하여 계산에 널리 사용할 수 있다고 주장했다. 이것이 바로 오늘날 컴퓨터가 작동하는 원리이다. 컴퓨터에서 계산을 담당하는 메모리가 컴퓨터 코드를 저장하는 데도 쓰이는 것이다.

종이에다가 숫자를 적어가며 일하는 인간 계산원 대신, 앨런 튜링은 끝도 없이 긴 종이테이프 위의 숫자로 한 번이든 365번이든, 혹은 백만 번이든 망설이지도 쉬지도 불평하지도 않으면서 늘 똑같이 열심히, 지치지 않고 계산을 할 수 있는 기계를 구상했다. 인간 계산원이 그런 기계와 상대가 되겠는가? 10년 후 미군을 위해 개발된 에니악ENIAC, Electronic Numerical Integrator and Computer은 튜링의 아이디어를 실제로 구현한 1세대 컴퓨팅 기기 중 하나였다. 당시에는 중요한 작업이 에니악의 하드웨어를 만드는 것이라는 지식이 만연했고, 그 권한은 에니악의 창시자인 존 모클리John Mauchly와 존 프레스퍼 에커트John Presper Eckert 두 명에게만 주어졌다.

그에 비해 '덜' 중요하다고 여겨진 컴퓨터 프로그래밍은 프란시스 엘리자베스 스나이더 홀버튼Frances Elizabeth Snyder Holberton, 프란시스 빌라스 스펜스Frances Bilas Spence, 루스 리히터만 테이텔바움Ruth Lichterman Teitelbaum, 진 제닝스 바틱Jean Jennings Bartik, 캐슬린 맥널티 모클리 안토넬리Kathleen McNulty Mauchly Antonelli, 마를린 웨스코프 멜처Marlyn Wescoff Meltzer로 구성된 여성 계산원 대표 팀이 맡았고, 결국에는 프로그래밍이 프로젝트의 핵심 요소로 거듭났다. 그럼에도 에니악의 여성 계산원은 신용을 얻지 못했다.

이후 에니악보다 더 강력한 컴퓨팅 기기에서 계산이 이루어졌고 인간 계산원이 사라지기 시작하면서, 컴퓨팅의 실제 동작은 기계가 쉽게 읽을 수 있도록 구멍 뚫린 종이 카드에 명령을 입력하는 방식으로 대체되었다. 1950년대 후반 그레이스 호퍼Grace Hopper 박사는 사람들이 컴퓨터 언어를 더 쉽게 구사하도록 하기 위해 '인간이 읽을 수 있는' 컴퓨터 언어를 처음으로 개발했다. 그리고 이러한 프로그램 언어로 명령을 작성하는 것을 1960년대 나사NASA의 연구원 마거릿 해밀턴Margaret Hamilton이 MIT에서 처음으로 '소프트웨어 공학'이라 지칭하였다.

당시 최신 반도체 산업의 선구적인 엔지니어였던 고든 무어Gordon Moore는 컴퓨터가 매년 약 2배씩 강력해질 것이라 예상했고, 이는 곧 무어의 법칙Moore's Law이라 불리게 되었다. 그리고 20년이 지나 나는 MIT에서 해밀턴이 이름 붙인 분야의 학위를 딴 덕을 본 수혜자가 되었고, 컴퓨터는 수천 배나 더 강력해졌다. 무어의 2배 공식이 맞아떨어진 것이다.

금속 상자 앞에서 무표정하게 타자를 치다 보면 쉽게 잃어버리곤 하는 인간미를 간직하기 위해, 나는 종종 블랜치 박사의 시대로 돌아가 처음 컴퓨팅 기기의 '부속품' 역할을 했던 많은 사람을 잊지 않으려 노력한다. 이는 우리가 오늘날의 기계와 본질적으로 공유하는 인간의 과거를 떠올리게 한다. 내가 가지고 있는 블랜치 박사 팀의《각도에 따른 원형 및 쌍곡선 탄젠트와 코탄젠트 표Table of Circular and Hyperbolic Tangents and Cotangents for Radian Arguments》는 400페이지가 넘는 책에서 200개 숫자를 소수점 아래 7자리까지 표시했다.

그리고 참 인간적이게도, 책에 나온 계산 결과 중 일부는 사람의 실수로 인해 부정확했다. 그러한 인적 오류를 뿌리 뽑는 튜링 기계를 만든 것도, 기발한 컴퓨터 언어를 개발하여 기계와 대화할 수 있게 만든 것도 인간이었다. 하지만 우리는 기계의 일을 할 때나 그 일을 대신할 기계를 잘못 만들었을 때, 사람은 항상 실수한다는 사실을 너무 쉽게 잊어버린다. 컴퓨터의 조상은 결국 우리 인간이다. 그리고 과거에 우리가 컴퓨터에서 한 실수는 대부분 단순한 계산 실수 정도이겠지만, 그로 인해 생긴 잘못된 결과는 이제 바로잡아야 한다. 컴퓨터의 역사에서 누락된 수많은 여성의 역할처럼 말이다. 컴퓨터는 우리가 만든 것이고 그 결과에 대한 총체적 책임 역시 우리에게 있다.

4/ 재귀, 스스로 반복하는 가장 우아한 행위

1984년 내가 MIT 학부생으로 입학했을 때 컴퓨터 공학은 할 아벨슨Hal Abelson, 제럴드 서스먼Gerald Sussman, 줄리 서스먼 Julie Sussman이 저술한 새로운 교과서에 힘입어 하나의 분야로 떠오르던 참이었다. 그들은 컴퓨터 프로그래밍을 단순 만들기 분야에서 주요한 사고와 과학의 세계로 인도하고 있었다. 물론 그들만이 이런 노력을 한 것은 아니었다. 전 세계적으로 이러한 움직임이 존재해 왔는데, 특히나 이 움직임이 대학에 근거지를 두고 이루어진 이유는 웃기게도 당시 컴퓨터를 가지고 있거나 가지고 싶어 하는 사람이 없었기 때문이었다. 구글, 야후, 아마존, 페이스북 같은 것들도 없었다. 그때는 무지개색 과일이 그려진 이상한 기계(애플 컴퓨터)를 가지고 있으면 (나처럼) 웃음거리가 되던 시절이기도 했다.

아벨슨과 서스먼의 컴퓨터 공학 입문 수업은 '컴퓨터 프로그램의 구조와 해석'Structure and Interpretation of Computer Programs'
이라는 이름으로 진행되었다. 우리는 수업의 이름과 같은 제목의 교과서를 사용하는 첫 학생들이었고, 나에게는 매주 수업이 너무 너무 너무 어려웠다. 그 수업의 목표는 우리가 새로운 방법으로 생각하게 하는 것이었다. 수업 첫째 주에는 GOTO(어떤 조건에 따라 프로그램의 수행 순서를 바꾸어 특정 위치로 변경하는 명령어) 10 구문이나 FOR...NEXT 반복문의 세계를 그만 잊어버리라는 이야기를 들었다. 그리고는 '재귀recursion'라 불리는 새로운 개념을 소개 받았다. 재귀는 우리가 살고 있는 물리적 세계가 작동하는 방식과 완전히 다른, 우리의 일상 생활에서는 절대로 자연스럽게 유추해 낼 수 없는 개념이었다. 그냥 이상한 정도가 아니라 너무 이상했다. 그래도 한번 구체적으로 설명을 해 보겠다.

어릴 적 나는 미신이나 마법에 빠져 있었다. 아직도 그런 것 같기는 하다. 내가 그렇게 된 것은 슈퍼맨처럼 내 손을 투시할 수 있다는 사실을 알아냈을 때부터다. 자, 두 눈을 뜬 채로 한 손을 한쪽 눈앞 한 뼘 거리에 두어 보자. 나처럼 했다면 그 손 뒤에 있는 것들이 모두 보일 것이다. 나는 이 능력이 조금 오싹하게 느껴져서 누구에게도 말하고 싶지 않았다.

내가 청소년 만화잡지 〈아치Archie〉(또래에 비해 조숙했다는 것을 인정한다.)의 만들기 코너에서 뫼비우스의 띠를 발견하고 직접 만드는 데 성공했을 때, 나는 내 마력이 정말로 나타나기 시작했다고 생각했다. 뫼비우스의 띠는 종이접기로 간단히 만들 수 있지만 가지고 놀아보면 놀라운 특성을 찾을 수 있다.

종이 띠 두 개를 가지고 고리 두 개를 만들어 보자. 하나는 그냥 끝과 끝을 연결하고 다른 하나는 끝을 연결할 때 한 번 꼬아서 붙인다. 첫 번째 띠는 일반 띠이고, 두 번째 띠는 뫼비우스의 띠이다.

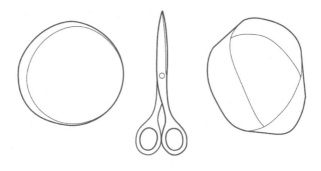

그리고 가위로 일반 띠의 가운데를 따라 자른다. 무슨 일이 일어날까? 두 개의 띠가 만들어진다. 띠를 둘로 쪼갰으니 당연한 일이다. 하지만 뫼비우스의 띠의 가운데를 자르면 무슨 일이 일어날까? 띠는 두 개가 되지 않는다. 하나가 된다.

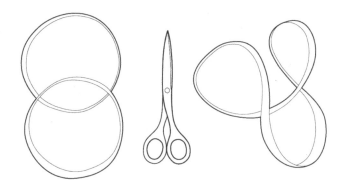

마법을 믿는 어린아이였던 내가 뫼비우스의 띠에 뒤집어지는 모습을 쉽게 상상할 수 있을 것이다. 나는 무슨 어둠의 마법이라도 본 것 같은 기분이 들었다. 내가 손을 투시하는 능력을 발견했을 때처럼 기괴한 힘을 발동시킨 게 아닌가 싶었다. 더 나아가 존 바스John Barth가 '프레임 테일Frame-Tale'에서 한 것을 따라서 해 보자. 종이 띠의 한쪽에는 '옛날 옛적에,' 반대쪽에는 '호랑이 담배 피우던,'이라고 적고 끝과 끝을 한 번 꼬아 붙인다. 그리고 뫼비우스의 띠를 따라서 이야기를 읽어 보자. 이 이야기는 절대로 끝나지 않는다. 재귀의 능력을 경험한 사람들은 서서히 이렇게 느낀다. 간단한 반복문처럼 보이지만 한 번 꼬여 있으며 그 꼬임을 통해 다른 세계로 입장하는 것이 바로 재귀임을.

컴퓨터 프로그램에 재귀를 사용하기 위해서는 어떤 아이디
어를 그 아이디어 자체와 직접 관련지어 정의하면 되니 무척
이나 간단하다. 나무를 어떻게 그리는지 처음 배울 때를 떠올
려 보면 자연이 그대로 반영된다는 것을 알 수 있다. 나무는 세
로줄의 꼭대기에 가지 몇 개를 뻗는 모양으로 그린다. 나무를
더 그리려면 그린 가지들의 꼭대기에 또 몇 개의 가지를 더 그
리는 방법을 반복한다. 이렇게 쭉 그린다. 결국에는 처음 시작
한 방법을 계속 사용하여 나중에는 잔가지가 많은 나무가 그
려진다. 나뭇가지가 나뭇가지로 구성되듯, 부분은 부분에 의

해 정의된다. 만약 나무의 뿌리를 그리려 한다면 나무 그림의 밑에 정확히 반대 방향으로, 하늘에서부터 나무 아래 땅속으로 똑같이 그리면 된다. 자연은 재귀를 통해 침착하고 명확하게 그림을 그려 나간다.

재귀의 마법을 이해하는 또 다른 방법은 1980년대에 어느 배신자 프로그래머가 처음부터 다시 작성하려 했던 유닉스 ^{Unix}라는 운영체제를 살펴보는 것이다. MIT의 리처드 스톨먼 ^{Richard Stallman}은 주인인 AT&T가 유닉스를 직접 운영하기보다는, 그런 중요한 소프트웨어 시스템이 제약으로부터 자유로워지기를 바랐다. 그는 그러한 노력을 GNU 프로젝트라고 불렀다. GNU라는 이름은 '(G)NU's (N)ot (U)nix.(GNU는 유닉스가 아니다)'의 약자로 재귀라는 아이디어를 완벽하게 보여 준다. 저 문장을 읽을 때 잠깐 멈칫했으리라. 그러니까 'U'는 '(U)nix'의 U이고, 'N'은 '(N)ot'의 N이다. 그런데 'G'가 '(G)NU'의 G라는 점은 조금 이상하게 들린다. 'G'를 풀어 적어 보면, 무한한 속성이 있다는 것을 알 수 있다.

```
[G]NU's Not Unix
[[G]NU's Not Unix]NU's Not Unix
[[[G]NU's Not Unix]NU's Not Unix]NU's Not Unix
[[[[G]NU's Not Unix]NU's Not Unix]NU's Not Unix]
```

```
NU's Not Unix
[[[[[G]NU's Not Unix]NU's Not Unix]NU's Not Unix]
  NU's Not Unix]NU's Not Unix
…
```

이와 비슷한 물리적 물건으로는 인형 안에 똑같이 생긴 작은 인형이 계속 들어가는 러시아의 마트료시카 인형이 있다. 마트료시카 인형은 다른 마트료시카 인형으로 채워져 있고, 그 인형은 또 다른 인형으로 채워지고, 이것이 계속 반복된다. 하지만 세계 최고 기록의 마트료시카 인형이라 해도 51번째 인형을 꺼내면 더 이상 꺼낼 인형이 없다, 그러나 컴퓨터의 마트료시카 인형은 '초기 상태'가 프로그래머에 의해 명확하게 정의된 이상 들어갈 수 있는 깊이에 한계가 없다. 인형 안의 더 작은 인형 안의 더 작은 인형이 쌀알만 해도, 여전히 그 안의 인형 안의 인형 안의 인형을 꺼낼 수 있다.

인형 놀이 이상으로 더욱 현실적인 수학적 사고를 하는 사람들은 재귀라는 아이디어를 가지고, 앞서 보았던 두부 가게의 지저분한 정산 프로그램을 우아한 모습으로 완전히 바꿔 놓을 수 있다. 재귀는 공장에서 사용하는 컨베이어 벨트처럼 동작하는 맨땅에 헤딩 방식의 반복문과는 다르다. 컨베이어 벨트는 일단 모든 작업을 펼쳐 놓고 각 작업을 순서대로 수행하도록 지시한다. 그리고는 목록의 시작으로 GOTO 하여 전체 작업을 다시 수행한다.

그러나 재귀는 자신을 참조하여 작업을 정의한다는 점에서 성격이 다르다. 마치 공장 설비에서 커다란 냄비에 카레를 끓이는 데 필요한 재료가 작은 냄비에 담긴 카레라고 하는 셈이다. 결국, 공장에서 작은 냄비에 담긴 카레를 끓이는 과정은 사라지고, 더 작은 냄비의 카레를 만드는 방법만 차례차례 계속되어 무엇을 만들고 있는지는 어느새 놓쳐 버린다. 겁먹으라고 하는 이야기가 아니다. 재귀의 주요 아이디어는 무언가를 정의할 때 실제 세계에는 없지만 사이버 공간에서는 아주 당연한 듯 존재하는, 어렴풋한 정의 그 자체를 사용한다는 것이다.

물리적 세계에서는 예술이 질문을 유도하는 힘이 있듯이, 컴퓨터 세계에서 무언가를 표현할 때도 재귀라는 우아한 방식을 사용할 수 있다는 것을 여러분도 알게 되었다. 컴퓨터 산업 종사자들은 이러한 고도의 개념 예술에 감사함을 느낀다. 이 예술 분야는 아직 구겐하임 미술관에서는 볼 수 없다. 프로그래머들이 하는 '코드는 한 편의 시와 같다.'는 말은 진심이다. 재귀는 'GNU'를 풀어 쓸 때 일어나는 일종의 역설처럼 복잡한 아이디어를 표현하는 특별하고 간결하면서도 무한한 속성을 가진 방법이다. 디지털 기술의 발전으로 이제는 실제로 작동하는 기계에 재귀를 구현하는 것이 가능해졌지만, 컴퓨터 시대 이전에도 철학적 개념으로서의 재귀는 충분히 매력적이었다. 마이클 코벌리스^{Michael Corballis}가 휴머니스트의 관점에서 저술한 책에서 재귀를 설명하는 간단한 표현을 보자.

재귀 [재:귀] 명사. 뜻을 알 수 없으면 '재귀'를 참조하라.

5/ 프로그래머가 실수하지 않는 한
컴퓨터는 멈추지 않는다

우리는 10억까지 세는 반복문으로 법칙 1을 시작했었다.

```
top = 1000000000
i = 0
while i < top: i = i + 1
```

내 컴퓨터에서 이 반복문의 시간을 재보니 1분도 채 걸리지 않았다. 이 책이 출간되고 당신이 책을 읽고 있을 때쯤에는 컴퓨터가 더 빨라졌을 것이다. 숫자를 세는 프로그램을 막을 것은 없다. 그것은 마치 끝도 없이 연장되는 도로 위를 달리는 자동차의 가속 페달을 밟는 것과 같다. 하지만 음악을 최대 볼륨으로 켜고 아드레날린이 솟구치는 상태로 속도를 내느라 미처 보지 못한 커다란 바위가 몇 킬로미터 앞에 나타나면 어떻게 될까? 그렇다. 펑! 자동차는 박살날 것이고, 안전벨트를 했기를 바랄 수밖에.

자동차 이야기와 비교해 숫자를 세는 반복문에서는 당신이 고려해야 할 차이점이 있다. 자동차는 가속하기 시작한 후 어느 지점에서 최고 속도를 찍을 것이다. 그리고 바위에 부딪칠 때 '으악'하는 순간을 최소 몇 초 정도 경험하게 된다. 다행히 크게 다치지 않았다면 정신을 차리고 화염과 잔해에서 빠져나올 시간이 있다.

컴퓨팅 프로세스는 한번 시작하면 시작하는 그 즉시 최고 속도로 달린다. 그러다 어떤 오류가 발생하면 즉시 멈추고, 그와 동시에 그 속에 살던 모든 세계가 한꺼번에 사라진다. 컴퓨터가 어떤 일을 하고 있어도 우리는 그것을 볼 수 없으므로 컴퓨터가 본의 아니게 멈추는 순간은 완전히 재앙이다. 하지만 컴퓨터는 작동을 멈출 때, 분명하게 문제를 말하거나 그냥 멈춰 버린다. 아마 이런 경험은 모두가 있으리라. 화면에 어떤 메시지가 깜빡이거나, 컴퓨터 화면이 갑자기 공백이 되어버리는 일 같은 것들 말이다. 주로 경고창도 띄우지 않고 그런 일이 발생하기 때문에 화가 나기 십상이다. 인터넷에 '컴퓨터 폭력 사태'를 검색하면, 동지들이 꽤 많다는 것을 알게 될 것이다.

컴퓨터에 왜 오류가 생기는지 알아보기 전에 컴퓨터의 입장에서 한번 생각해 보자. 내가 떠올릴 수 있는 가장 좋은 비유는 바로 온라인상의 도미노 전문가들이다. 도미노 전문가들은 수천 개의 도미노 조각을 공들여 배치하고 동영상 촬영을 시작한다. 도미노들은 완벽한 순서에 따라 넘어지다가 잘못 배치된 조각 하나를 만나고, 결국엔 실패하고 만다. 당황스럽고 충격적인 실제 상황에서 방법은 하나뿐이다. 처음으로 돌아가 모두 고쳐 놓는 것.

완벽한 순서에 따라 움직이는 도미노 수백 개를 망가뜨리는 데는 잘못 놓은 도미노 조각 하나면 충분하듯, 실행 중인 소프트웨어가 멈추는 것도 이와 유사하다. 그저 작은 도미노 조각들이 바닥에 흩뿌려져 있는 것을 보고도 초연한 태도를 유지하듯이, 프로그래머는 웃으며 말할 수 있어야 한다. "고치면 됩니다." 프로그래머도 시작부터 전부를 고치는 일에 인내심이 잘 발달한 도미노 전문가들을 본받아 같은 자세로 임해야 한다. 만약 컴퓨터 프로그래머라는 사람이 소프트웨어가 멈출 때마다 걷잡을 수 없을 만큼 화를 낸다면 작업을 하나도 마칠 수 없을 것이다. 소프트웨어는 매우 자주 멈추기 때문이다. 소프트웨어를 전문적으로 만드는 사람들은 큰 재앙에는 아주 내성이 강하면서도 쉽게 피할 수 있었던 작은 실수에는 내성이 거의 없다.

컴퓨터가 몇 분마다 계속 당신에게 무언가 잘못됐다고 이야기한다고 상상해 보자. 컴퓨터 프로그램이나 시스템이 복잡하면 복잡할수록 작동하는 동안 오류가 발생할 확률은 더 높다. 오류는 3가지 종류로 나뉜다. 피할 수 있는('바보짓') 오류, 피하기 힘든 오류, 피할 수 없는 오류. 초기 컴퓨팅에서는 많은 소프트웨어 시스템과 그 소프트웨어를 구동하는 하드웨어가 꼬여 버리는 경우가 많았다. 아직 테스트 단계인 비행기처럼, '피할 수 없는' 범주에 들어가는 오류가 많았기 때문이다.

하지만 요즘에는 컴퓨터의 발전으로 그런 경우가 많지 않다. 예를 들어, 내가 80년대에 컴퓨터 프로그램을 작성할 때는 초기 컴퓨터 일부의 '실험적' 특성 때문에 내 손 밖의 오류가 일어나는 경우도 흔했다. 이러한 오류를 '버그'라고 부르게 된 유래는 상당히 흥미롭다. 1940년대 그레이스 호퍼가 초기 컴퓨터 내부의 계전기(전기 회로를 열거나 닫는 스위치) 안에서 나방 한 마리를 발견했는데, 그 나방 때문에 연결 지점 사이로 전기가 흐르지 않아 컴퓨터가 정상적으로 작동하지 않은 것이었다.

호퍼가 당시 컴퓨터 내부의 복잡한 배선을 살펴보고 버그를 발견했다는 점은 상징적이다. 성가신 나방을 물리적으로 제거하고 난 후 그녀가 얼마나 기뻐했을지는 쉽게 상상할 수 있다. 또한, 문제의 원인을 찾는 동안 숫자와 기호가 가득한 컴퓨터 프로그램의 더미에서 바늘 하나를 찾는 것처럼 얼마나 고생했을지도 뻔하다. 소프트웨어에서 버그를 찾는 것은 쉽지 않기 때문에, 프로젝트에서 공동으로 작업한 프로그래머를 위해 쉽게 피할 수 있는 '바보짓' 오류는 팀 전체가 책임지자는 암묵적 규칙이 있다. 다행히도 오늘날 다양한 시스템과 기술이 소프트웨어 버그를 줄여 주긴 하지만 버그가 아예 없는 소프트웨어를 만들기란 인간의 능력으로는 불가능하다. 그리고 모든 버그가 치명적이지만은 않다는 것을 알아야 한다. 소프트웨어 안에 살면서 운영에 별다른 문제를 일으키지 않는 버그도 많다.

왜 버그 없는 프로그램을 만드는 것이 불가능한가에 대한 쉽고도 어려운 생각은 비행기를 타고 있을 때 떠올릴 수 있다. 백만 개의 부품으로 만들어진 물건에 나사가 몇 개나 빠져 있을지 생각해 보라. 또한, 마이크로소프트 엑셀Microsoft Excel처럼 복잡한 소프트웨어의 코드는 수천만 줄일 텐데, 그중 한 줄이 잘못되었거나 오타가 있을 확률은 얼마나 될까? 대형 소프트웨어는 수백 수천 명이 수년에 걸쳐 만든 결과물일 수 있음을 명심해야 한다. 나사 하나 빠졌다고 비행기가 추락하지는 않듯이 엑셀 코드에서 잘못된 숫자 하나가 그렇게 치명적인 오류를 발생시키지는 않는다. 하지만 아무리 착한 버그라도 여기저기 널려 있으면, 서로에게 부정적인 영향을 미치고 예기치 못한 일들을 발생시킬지도 모른다는 사실은 쉽게 유추할 수 있다.

컴퓨터는 지칠 줄 모르고 루프를 돈다. 컴퓨터 프로그램이 살아 움직이고, 명령에 따라 루프가 돌기 시작하면 숨겨져 있던 광활한 우주가 나타난다. 숫자들은 순수한 숫자의 세계에서 어떠한 마찰도 없이 자유롭게, 하지만 신중하게 읽고 쓰인다. 소프트웨어의 복잡성을 생각하면 프로그램의 실행에 영향을 주거나 심지어 멈춰 버릴 수 있는 버그가 기다리고 있을 가능성은 항상 존재한다. 만약 프로그램이 멈추더라도, 버그를 찾아내서 고칠 수 있는 소프트웨어 종사자가 있다면 다시 프로그램을 구동할 수 있다. 그러나 진단하기 어려운 여러 가지 잠재적 문제를 일으키려 하는 버그는 즉시 나타나 문제를 일으키지는 않지만 찾아내기는 더 힘들다.

컴퓨터 화면에 보이는 것은 컴퓨터 기기 내부의 보이지 않는 곳에서 실제로 일어나는 일의 작은 부분에 불과하다는 것을 잊어서는 안 된다. 루프나 재귀적인 루프의 이면에는 끝이 없는 디지털 정보가 서둘러 처리되고 있으며 때론 우아하게, 때론 우아하지 못하게 흘러가고 있다. 우리는 이러한 루프의 존재를 있게 한 인간 계산원, 하드웨어 제작자, 그리고 소프트웨어 엔지니어들에게 감사해야 한다. 그리고 동료가 가끔은 남

겨 둘 보이지 않는 나방을, 적절치 않은 순간에도 맞이할 준비
가 되어 있어야 한다. 유비무환이라고 했던가. 하지만 우리가
버그를 집어 넣어도 컴퓨터가 스스로 가차 없이 버그를 없애
버릴 미래에는 컴퓨터가 모든 장애물을 해치우고 그들의 루프
를 계속해서 돌릴 것이다. 한 치의 오차도 없이, 영원히 말이다.

법칙 2

디지털 제품은
계속해서 확장한다

1/ 컴퓨터는 지수적 성장을 한다

아름답고 깨끗했던 연못에 수련 잎이라는 불청객이 침범했다. 이 연못에는 오래된 수수께끼가 있다. 수련의 잎은 매일 두 배로 번식하여 연못의 표면 전체를 덮어버린다. 연못 옆의 작은 집에 사는 과학자는 수련 잎의 그림자로 인해 햇빛을 받지 못하게 된 물속 생태계가 유난히 걱정되어 수련의 성장을 매일 조심스레 추적한다.

침입한 지 30일째, 연못은 536,870,912개의 수련 잎으로 완전히 덮였다. 여기서 문제. '15일째는 약 몇 장의 수련 잎이 연못을 덮고 있었을까?' 내가 이 문제를 처음 들었을 때, 나는 536,870,912의 절반인 268,435,456이 정답이라고 생각했다. 물론 틀렸다.

질문을 이렇게 바꾸어 보면 조금 더 쉽다. '연못의 절반이 수련 잎으로 덮인 것은 며칠째인가?' 정답은 29일째다. 왜냐고? 수련 잎은 매일 두 배로 증가하므로 30일째의 바로 전날에 절반이 덮이는 것이 맞다. 그리고 만약 당신이 틀린 답을 말했다면, 30일의 절반인 15일째에 절반이 덮였다고 대답했을 가능성이 크다.

실제로 첫째 날 수련 잎이 한 장으로 시작해 매일 두 배씩 늘어난다면 15일째에는 무슨 일이 일어나는지 살펴보자.

```
1일 = 1 수련 잎
2일 = 2 수련 잎
3일 = 4 수련 잎
4일 = 8 수련 잎
5일 = 16 수련 잎
6일 = 32 수련 잎
7일 = 64 수련 잎
8일 = 128 수련 잎
9일 = 256 수련 잎
10일 = 512 수련 잎
11일 = 1,024 수련 잎
12일 = 2,048 수련 잎
13일 = 4,096 수련 잎
14일 = 8,192 수련 잎
15일 = 16,384 수련 잎
```

30일째 수련 잎의 수를 확인하기 위해서는 엑셀에 =POWER(2, DAY-1)라는 수식을 입력하면 된다.

30일 = POWER(2, 30-1) = POWER(2, 29) = 536,870,912 수련 잎

15일째의 수련 잎은 16,384개이다. 이 숫자는 536,870,912에 비하면 50퍼센트는 근처에도 가지 못했고 고작 0.003퍼센트밖에 되지 않는다. 수식을 계속 계산해 나가다 보면 전체의 1퍼센트(5백만)에 도달하는 날짜가 23일에서 24일 사이임을 알 수 있다.

23일 = POWER(2, 22) = 4,194,304
24일 = POWER(2, 23) = 8,388,608

이 개념이 어렵게 느껴진다면, 그 이유는 이 문제가 지수적 사고와 순차적 사고의 차이점을 보여 주기 때문이다.

사람들이 15일째에 연못의 절반이 덮인다고 틀린 답을 이야기한 이유는 그들이 순차적 사고를 했기 때문이다. 우리는 주로 순차적 사고를 하는데, 왜냐하면 그것이 우리가 세상을 이해하는 방법이기 때문이다. 당신이 묘목을 심고 매일 물을 준다면 묘목은 서서히 성장할 것이다. 더 빠르게 자라도록 하

려면 비료를 주는 방법뿐이다. 그냥 둔다면 조금씩 일정하게 성장한다. 안정적이고 순차적인 성장이 꼭 느린 성장을 의미하지는 않는다. 예를 들어, 1씩만 셀 줄 알던 어린이가 10씩 세는 법을 배워 100을 넘게 세면 아주 신이 날 것이다. 하지만 우리는 백만씩 셀 때도 같은 숫자를 더해 가며 세므로 여전히 순차적 사고의 세계에 살고 있는 셈이다.

수련 잎 문제의 정답에서 알 수 있듯이, 지수적 사고는 컴퓨터의 세계에 익숙해지는 것이다. 그 이유는 두 배씩 강해진다는 무어의 법칙뿐 아니라 루프가 주로 만들어지는 방법 때문이기도 하다. 나는 등차수열과 등비수열의 차이처럼 지수적 사고와 순차적 사고의 차이에 관해 생각하는 것을 좋아한다. 덧셈은 정해진 증분에 의해 숫자를 증가시키지만, 곱셈은 '급증'하게 한다.

예를 들어, 내가 숫자 세기를 막 배워 열정이 넘치는 초등학생처럼 10단위로 센다면 1에서 시작해 한번에 10씩 더하고 10번 만에 101에 도달할 수 있다. 하지만 1에서 시작해 10씩 곱하면 10번 만에 무려 10억에 도달한다. 이 비결을 처음 발견한 수학 꿈나무라면 엄청나게 비상한 힘이 생겼다고 느낄 것이다. 우리는 두 가지 예에서 모두 10이라는 뻔한 숫자를 사용하는데, 덧셈 기호(+)를 곱셈 기호(×)로 45도 회전하기만 해도 완전히 차원이 달라진다. 곱셈이라는 연산이 덧셈의 집합을 '숨기고' 있기 때문이다.

5 × 10은 숫자 5에다가 5를 아홉 번 더한 것이라고 생각해 보자. 5 + 5 + 5 + 5 + 5 + 5 + 5 + 5 + 5 + 5. 나아가 5 × 1,000을 계산해 보자. 아래와 같이 될 것이다.

5 + 5 + 5 + 5 + 5 + 5 + 5 + 5 + 5 + 5 + 5 + 5 + 5 + 5 + 5 +
5 + 5 + 5 + 5 + 5 + 5 + 5 + 5 + 5 + 5 + 5 + 5 + 5 + 5 + 5 +
5 + 5 + 5 + 5 + 5 + 5 + 5 + 5 + 5 + 5 + 5 + 5 + 5 + 5 + 5 +
5 + 5 + 5 + 5 + 5 + 5 + 5 + 5 + 5 + 5 + 5 + 5 + 5 + 5 + 5 +
5 + 5 + 5 + 5 + 5 + 5 + 5 + 5 + 5 + 5 + 5 + 5 + 5 + 5 + 5 +
5 + 5 + 5 + 5 + 5 + 5 + 5 + 5 + 5 + 5 + 5 + 5 + 5 + 5 + 5 +
5 + 5 + 5 + 5 + 5 + 5 + 5 + 5 + 5 + 5 + 5 + 5 + 5 + 5 + 5 +
5 + 5 + 5 + 5 + 5 + 5 + 5 + 5 + 5 + 5 + 5 + 5 + 5 + 5 + 5 +
5 + 5 + 5 + 5 + 5 + 5 + 5 + 5 + 5 + 5 + 5 + 5 + 5 + 5 + 5 +
5 + 5 + 5 + 5 + 5 + 5 + 5 + 5 + 5 + 5 + 5 + 5 + 5 + 5 + 5 +
5 + 5 + 5 + 5 + 5 + 5 + 5 + 5 + 5 + 5 + 5 + 5 + 5 + 5 + 5 +
5 + 5 + 5 + 5 + 5 + 5 + 5 + 5 + 5 + 5 + 5 + 5 + 5 + 5 + 5 +
5 + 5 + 5 + 5 + 5 + 5 + 5 + 5 + 5 + 5 + 5 + 5 + 5 + 5 + 5 +
5 + 5 + 5 + 5 + 5 + 5 + 5 + 5 + 5 + 5 + 5 + 5 + 5 + 5 + 5 +
5 + 5 + 5 + 5 + 5 + 5 + 5 + 5 + 5 + 5 + 5 + 5 + 5 + 5 + 5 +

5 + 5 + 5 + 5 + 5 + 5 + 5 + 5 + 5 + 5 + 5 + 5 + 5 + 5 + 5 +

5 + 5 + 5 + 5 + 5 + 5 + 5 + 5 + 5 + 5 + 5 + 5 + 5 + 5 + 5 +

5 + 5 + 5 + 5 + 5 + 5 + 5 + 5 + 5 + 5 + 5 + 5 + 5 + 5 + 5 +

5 + 5 + 5 + 5 + 5 + 5 + 5 + 5 + 5 + 5 + 5 + 5 + 5 + 5 + 5 +

5 + 5 + 5 + 5 + 5 + 5 + 5 + 5 + 5 + 5 + 5 + 5 + 5 + 5 + 5 +

5 + 5 + 5 + 5 + 5 + 5 + 5 + 5 + 5 + 5 + 5 + 5 + 5 + 5 + 5 +

5 + 5 + 5 + 5 + 5 + 5 + 5 + 5 + 5 + 5 + 5 + 5 + 5 + 5 + 5 +

5 + 5 + 5 + 5 + 5 + 5 + 5 + 5 + 5 + 5 + 5 + 5 + 5 + 5 + 5 +

5 + 5 + 5 + 5 + 5 + 5 + 5 + 5 + 5 + 5 + 5 + 5 + 5 + 5 + 5 +

5 + 5 + 5 + 5 + 5 + 5 + 5 + 5 + 5 + 5 + 5 + 5 + 5 + 5 + 5 +

5 + 5 + 5 + 5 + 5 + 5 + 5 + 5 + 5 + 5 + 5 + 5 + 5 + 5 + 5 +

5 + 5 + 5 + 5 + 5 + 5 + 5 + 5 + 5 + 5 + 5 + 5 + 5 + 5 + 5 +

5 + 5 + 5 + 5 + 5 + 5 + 5 + 5 + 5 + 5 + 5 + 5 + 5 + 5 + 5 +

5 + 5 + 5 + 5 + 5 + 5 + 5 + 5 + 5 + 5 + 5 + 5 + 5 + 5 + 5 +

5 + 5 + 5 + 5 + 5 + 5 + 5 + 5 + 5 + 5 + 5 + 5 + 5 + 5 + 5 +

5 + 5 + 5 + 5 + 5 + 5 + 5 + 5 + 5 + 5 + 5 + 5 + 5 + 5 + 5 +

5 + 5 + 5 + 5 + 5 + 5 + 5 + 5 + 5 + 5 + 5 + 5 + 5 + 5 + 5 +

5 + 5 + 5 + 5 + 5 + 5 + 5 + 5 + 5 + 5 + 5 + 5 + 5 + 5 + 5 +

5 + 5 + 5 + 5 + 5 + 5 + 5 + 5 + 5 + 5 + 5 + 5 + 5 + 5 + 5 +

5 + 5 + 5 + 5 + 5 + 5 + 5 + 5 + 5 + 5 + 5 + 5 + 5 + 5 + 5 +

5 + 5 + 5 + 5 + 5 + 5 + 5 + 5 + 5 + 5 + 5 + 5 + 5 + 5 + 5 +

5 + 5 + 5 + 5 + 5 + 5 + 5 + 5 + 5 + 5 + 5 + 5 + 5 + 5 + 5 +

5 + 5 + 5 + 5 + 5 + 5 + 5 + 5 + 5 + 5 + 5 + 5 + 5 + 5 + 5 +

5 + 5 + 5 + 5 + 5 + 5 + 5 + 5 + 5 + 5 + 5 + 5 + 5 + 5 + 5 +

5 + 5 + 5 + 5 + 5 + 5 + 5 + 5 + 5 + 5 + 5 + 5 + 5 + 5 + 5 +

5 + 5 + 5 + 5 + 5 + 5 + 5 + 5 + 5 + 5 + 5 + 5 + 5 + 5 + 5 +

5 + 5 + 5 + 5 + 5 + 5 + 5 + 5 + 5 + 5 + 5 + 5 + 5 + 5 + 5 +

5 + 5 + 5 + 5 + 5 + 5 + 5 + 5 + 5 + 5 + 5 + 5 + 5 + 5 + 5 +

5 + 5 + 5 + 5 + 5 + 5 + 5 + 5 + 5 + 5 + 5 + 5 + 5 + 5 + 5 +

5 + 5 + 5 + 5 + 5 + 5 + 5 + 5 + 5 + 5 + 5 + 5 + 5 + 5 + 5 +

5 + 5 + 5 + 5 + 5 + 5 + 5 + 5 + 5 + 5 + 5 + 5 + 5 + 5 + 5 +

5 + 5 + 5 + 5 + 5 + 5 + 5 + 5 + 5 + 5 + 5 + 5 + 5 + 5 + 5 +

5 + 5 + 5 + 5 + 5 + 5 + 5 + 5 + 5 + 5 + 5 + 5 + 5 + 5 + 5 +

5 + 5 + 5 + 5 + 5 + 5 + 5 + 5 + 5 + 5 + 5 + 5 + 5 + 5 + 5 +

5 + 5 + 5 + 5 + 5 + 5 + 5 + 5 + 5 + 5 + 5 + 5 + 5 + 5 + 5 +

5 + 5 + 5 + 5 + 5 + 5 + 5 + 5 + 5 + 5 + 5 + 5 + 5 + 5 + 5 +

5 + 5 + 5 + 5 + 5 + 5 + 5 + 5 + 5 + 5 + 5 + 5 + 5 + 5 + 5 +

5 + 5 + 5 + 5 + 5 + 5 + 5 + 5 + 5 + 5 + 5 + 5 + 5 + 5 + 5 +

5 + 5 + 5 + 5 + 5 + 5 + 5 + 5 + 5 + 5 + 5 + 5 + 5 + 5 + 5 +

5 + 5 + 5 + 5 + 5 + 5 + 5 + 5 + 5 + 5 + 5 + 5 + 5 + 5 + 5 +

5 + 5 + 5 + 5 + 5 + 5 + 5 + 5 + 5 + 5 + 5 + 5 + 5 + 5 + 5 +
5 + 5 + 5 + 5 + 5 + 5 + 5 + 5 + 5 + 5 + 5 + 5 + 5 + 5 + 5 +
5 + 5 + 5 + 5 + 5 + 5 + 5 + 5 + 5 + 5 + 5 + 5 + 5 + 5 + 5 +
5 + 5 + 5 + 5 + 5 + 5 + 5 + 5 + 5 + 5 + 5 + 5 + 5 + 5 + 5 +
5 + 5 + 5 + 5 + 5 + 5 + 5 + 5 + 5 + 5 + 5 + 5 + 5 + 5 + 5 +
5 + 5 + 5 + 5 + 5 + 5 + 5 + 5 + 5 + 5 + 5 + 5 + 5 + 5 + 5 +
5 + 5 + 5 + 5 + 5 + 5 + 5 + 5 + 5 + 5 + 5 + 5 + 5 + 5 + 5 +
5 + 5 + 5 + 5 + 5 + 5 + 5 + 5 + 5 + 5 + 5 + 5 + 5 + 5 + 5 +
5 + 5 + 5 + 5 + 5 + 5 + 5 + 5 + 5 + 5 + 5 + 5 + 5 + 5 + 5 +
5 + 5 + 5 + 5 + 5 + 5 + 5 + 5 + 5 + 5 + 5 + 5 + 5 + 5 + 5 +
5 + 5 + 5 + 5 + 5 + 5 + 5 + 5 + 5 + 5 + 5 + 5 + 5 + 5 + 5 +
5 + 5 + 5 + 5 + 5 + 5 + 5 + 5 + 5 + 5.

마치 잭과 콩나무Jack and the Beanstalk에서 작은 콩을 심은 다음 날 아침에 나무가 하늘까지 거대하게 자라 있던 것처럼, 5에다가 1,000을 곱하는 것은 아주 강력한 효과를 지닌다. 위의 '+5'들을 보고 덧셈에는 없는 내공으로 곱셈이 만들어 낸 엄청난 '도약'을 느껴 보자.

지수적 성장이 바로 컴퓨터의 작동 방식이다. 이것은 컴퓨터 메모리의 가용성이 어떻게 성장했는지를 보여 준다. 프로세싱 능력도 이와 같다. 실리콘 밸리의 사람들이 미래에 관해 이야기할 때는 1년 단위의 순차적 성장을 이야기하는 것이 아님을 기억해야 한다. 그들은 기계의 언어를 구사할 줄 알기 때문에 늘 지수적 도약을 눈여겨보며 어떻게 활용할지 생각한다. 이제 어떻게 저 지루해 보이는 루프라는 것이 컴퓨터 내에서는 지수적 마법을 일으키는지 살펴보자.

2/ 루프 속의 루프는
새로운 차원을 만들어 낸다

초등학교 시절 종이에 3차원 상자를 그리는 방법을 처음 배웠던 때를 떠올려 보자. 일단 두 개의 네모를 살짝 겹치도록 그린다. 그리고 각 네모의 꼭짓점을 연결한다. 종이는 납작한 평면이지만, 당신의 뇌는 그려진 상자를 보고 평면 이상의 어떤 공간이 생겼다고 생각할 수밖에 없다. 새로운 공간이 추가된 적은 없고, 그저 눈으로 보는 환상이기에 처음에는 불가능한 것처럼 보인다.

하지만 당신이 그려 놓은 상자처럼, 어떤 기술을 사용하느냐에 따라 공간을 더 만들어낼 수도 있다는 사실을 생각해 보라. 지금은 상자 안에 새로운 차원으로 들어갈 수 있는 점 하나를 그릴 수도 있다. 이것을 '클릭'하려면 상상력을 약간 발휘해야 한다. 상자를 그리기 전에는 어떤 크기의 3차원 세계로도 들어갈 방법이 없었지만, 어떻게 그림을 그렸느냐에 따라 종이는 평면 그 이상의 의미를 지닌다.

이제 수학자들이 4차원으로 들어가는 데 사용하는 또 다른 공식을 사용해 보자. 점을 하나 그린다. 이것은 0차원을 의미한다.

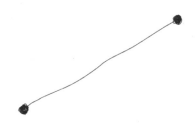

그리고 공간 안에서 점을 연장하여 두 점을 이어보자. 선이 생긴다. 이것은 1차원을 의미한다.

그리고 공간 안에서 선을 연장하여 네 개 점을 이어 보자.
평면이 생긴다. 이것은 2차원을 의미한다.

그리고 공간 안에서 평면을 연장하여 여덟 개 점을 이어보
자. 상자 하나가 생긴다. 이것은 3차원을 의미한다.

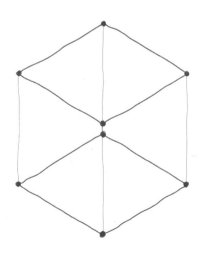

그러면 4차원은 어떻게 그려야 할까? 그렇다! 상자를 가지고, 공간을 확장하여 열여섯 개의 점을 이으면 된다. 4차원을 의미하는 하이퍼큐브가 생겼다.

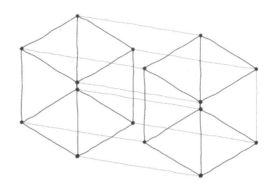

각 차원을 추가하면서, 여러분이 전형적인 지수 이동을 느꼈기를 바란다. 예를 들어 1차원에서 2차원으로 넘어갈 때, 10밀리미터의 선이 10밀리미터의 사각형으로 투영되고, 새로운 공간은 100제곱밀리미터가 된다. 공간으로 따지면 엄청나게 커진 것이다. 그리고 3차원으로 넘어갈 때 훨씬 더 큰 공간이 된다. 그저 순차적 성장이 아니라 외부 차원으로의 성장인 것이다.

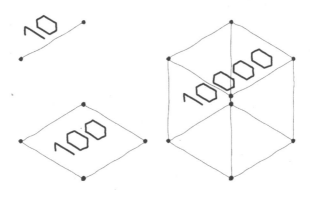

우리는 100평방밀리미터에서 10,000입방밀리미터나 되는 3차원으로 이동했다. 각 차원의 이동에서 공간은 말 그대로 지수적 성장을 했다. 너무 함축적인가? 아무리 소화하기 쉬운 물리적 예시를 보여주고 싶어도, 보이지도 않는 루프라는 녀석 하나뿐이다. 준비되었는가?

10년은 10개의 해이고, 1년은 열두 달로 나뉜다는 사실을 생각해 보는 것에서 시작하자. 우리는 해를 열 번 반복하여 10년을 지날 것이다.

```
for( year = 1; year <= 10; year = year+1 ) { }
```

이 코드는 year = 1 에서 시작해 1씩 증가하고 year가 10보다 커지면 멈춘다. 지금은 별로 중요한 일이 일어나지 않는데, 왜냐하면 해당하는 코드의 블록 안에 아무것도 없기 때문이다. { }은 내부의 코드를 마치 하나의 개체인 것처럼 꽉 안아주는 역할을 한다고 생각하면 된다. 세어 보자.

1. 2. 3. 4. 5. 6. 7. 8. 9. 10.

다음으로 'year'을 'month'로 치환하고 10 대신 12에서 멈추도록 코드를 바꾸어 열두 달을 반복하게 만들어 보자.

```
for( month = 1; month <= 12; month = month+1 ) { }
```

세어 보자.

1. 2. 3. 4. 5. 6. 7. 8. 9. 10. 11. 12.

그리고 이제 month 루프를 year 루프 안에 넣어 보자.

```
for( year = 1; year <= 10; year = year+1 ) {
    for( month = 1; month <= 12; month = month+1 ) { }
}
```

year는 열 번 돌고, 각 year마다 month는 열두 번을 돈다. 이를 세어보려 하면 다음과 같을 것이다.

1.

1. 2. 3. 4. 5. 6. 7. 8. 9. 10. 11. 12.

2.

1. 2. 3. 4. 5. 6. 7. 8. 9. 10. 11. 12.

3.

1. 2. 3. 4. 5. 6. 7. 8. 9. 10. 11. 12.

4.

1. 2. 3. 4. 5. 6. 7. 8. 9. 10. 11. 12.

5.

1. 2. 3. 4. 5. 6. 7. 8. 9. 10. 11. 12.

6.

1. 2. 3. 4. 5. 6. 7. 8. 9. 10. 11. 12.

7.

1. 2. 3. 4. 5. 6. 7. 8. 9. 10. 11. 12.

8.

1. 2. 3. 4. 5. 6. 7. 8. 9. 10. 11. 12.

9.

1. 2. 3. 4. 5. 6. 7. 8. 9. 10. 11. 12.

10.

1. 2. 3. 4. 5. 6. 7. 8. 9. 10. 11. 12.

어떻게 느껴지는가? 루프 하나를 다른 루프 안에 넣는 간단한 작업으로 전혀 자연스럽지 않은 일이 벌어졌다. 이제 각 월마다 30일이 있다고 가정하면(쉽게 이해하기 위해 단순화하였다) 다음과 같은 코드를 사용할 것이다.

```
for( day = 1; day <= 30; day = day+1 ) { }
```

세어 보자.

1. 2. 3. 4. 5. 6. 7. 8. 9. 10. 11. 12. 13. 14. 15. 16. 17. 18. 19. 20. 21. 22. 23. 24. 25. 26. 27. 28. 29. 30.

이 루프를 위에서 월별로 지나온 루프 안에 넣으면 무슨 일이 생길지 상상할 수 있겠는가?

```
for( year = 1; year <= 10; year = year+1 ) {
  for( month = 1; month <= 12; month = month+1 ) {
    for( day = 1; day <= 30; day = day+1 ) { }
  }
}
```

나는 이 예시를 모두 훑느라 종이를 낭비하고 싶지는 않지만 만약 직접 해 보고 싶다면, 이렇게 시작하게 될 것이다.

1.

1.

1. 2. 3. 4. 5. 6. 7. 8. 9. 10. 11. 12. 13. 14. 15.
   16. 17. 18. 19. 20. 21. 22. 23. 24. 25. 26. 27.
   28. 29. 30.

2.

1. 2. 3. 4. 5. 6. 7. 8. 9. 10. 11. 12. 13. 14. 15.
   16. 17. 18. 19. 20. 21. 22. 23. 24. 25. 26. 27.
   28. 29. 30.

3.

1. 2. 3. 4. 5. 6. 7. 8. 9. 10. 11. 12. 13. 14. 15.
   16. 17. 18. 19. 20. 21. 22. 23. 24. 25. 26. 27.
   28. 29. 30.

...

이렇게 3차원으로 생성한 나머지 숫자 3,600개를 써 내려
가면 각 30일인 12개월을 포함한 10년을 기록하게 된다. 이것
은 선을 평면으로 확장하고, 평면을 육면체로 확장하는 것과
아주 많이 유사하다. 이는 사랑스럽게 묶인 { 블록 } 안에 무엇
이 들어있는지와 상관없이 실제로 루프가 루프 안에 들어가면
터보 부스트를 발생시키는 방아쇠를 당기는 것과 같다는 것을
의미한다.

{ 블록 } 안에는 무엇이든 올 수 있다. 예를 들어 온라인 어딘가에서 열 대의 컴퓨터를 대여했다고 치자. 그 컴퓨터들이 각자 10년을 반복하게 하는 일은 매우 쉽다.

```
for( machine = 1; machine <= 10; machine =
  machine+1 ) {
  for( year = 1; year <= 10; year = year+1 ) {
    for( month = 1; month <= 12; month = month+1 ) {
      for( day = 1; day <= 30; day = day+1 ) { }
    }
  }
}
```

뒤집어 생각하면 열 대의 컴퓨터가 10년간 각 날짜마다 특정한 일을 하도록 만들 수도 있다.

```
for( year = 1; year <= 10; year = year+1 ) {
  for( month = 1; month <= 12; month = month+1 ) {
    for( day = 1; day <= 30; day = day+1 ) {
      for( machine = 1; machine <= 10; machine =
        machine+1 ) { }
    }
  }
}
```

자, 몇 가지 생각이 들 것이다.

- year <= 10에서 year <= 100,000으로 한계를 늘리는 것을 말리는 사람은 아무도 없다.
- 이 방법으로 시간, 분, 초 단위까지 모두 셀 수 있다.
- 컴퓨터를 몇천 대 빌렸더라도 사용 가능한 컴퓨터 수만큼 '<= 10'의 숫자를 바꾸기만 하면 된다.

각 루프는 점을 선으로, 선을 평면으로, 평면을 입체로 잘 만들어 낸 것처럼, 새로운 차원으로 우리를 안내한다. 성공적으로 안겨 있는 '중첩된' 루프는 새로운 가능성을 열어 준다. 중첩된 루프 이전에는 존재하지 않았던 공간이 새롭게 탄생하고, 각 차원의 시작과 끝만 조정하면 더해지는 공간의 크기도 커지고 작아진다. 간단히 말해서, 우리가 사는 동네나 도시 전체와 같이 물리적인 규모로 우리 앞에 놓여 있거나 우리를 둘러싸고 있는 공간보다, 훨씬 더 광활한 공간을 여는 수단이다. 각 차원이 얼마나 깊어질 수 있는지는 한계가 없고, 얼마나 많은 차원이 중첩된 루프로 활용될 수 있는지 또한 한계가 없다. 아날로그 세상에 사는 사람들에게는 부자연스럽게 느껴질 수 있지만, 컴퓨터 세계 안에서는 그저 일상적인 일이다.

3/ 단편 영화 '10의 제곱수'와 코크 곡선: 무한성과 영속성

우리 주변과 내부의 공간을 대하는 제한된 관점을 초월해보는 좋은 방법 중 하나는 디자이너 레이 임스Ray Eames와 찰스 임스Charles Eames의 단편 영화 '10의 제곱수Powers of Ten'를 보는 것이다. 임스 부부는 화려한 집에서 흔히 볼 수 있는 비싼 의자로 더 유명하지만, 그리 알려지지 않은 영화 작업은 그들의 활발한 사고 안에서 무슨 일이 벌어지고 있었는지를 짧지만 명확하게 보여준다. '10의 제곱수'는 온라인에서 무료로 볼 수 있고, 컴퓨터로 심도 있는 작업을 할 때 느끼는 혼란스러운 감정을 이해하기에 가장 빠른 방법이기도 하다.

9분짜리 영화는 시카고Chicago 공원에 돗자리를 깔고 낮잠을 자고 있는 커플을 1미터 위에서 클로즈업 화면으로 보여 주며 시작한다. 카메라는 곧 10의 1제곱인 10미터만큼 줌 아웃하여 커플을 비교적 작게 보이도록 하고, 그 다음 100미터를 올라가 공중에서 공원 전체가 보이게 한다. 그다음 10,000,000 미터를 올라가 지구 전체를 보여 주고, 다음으로 100억 미터를 올라가 금성의 궤도를 지난 후, 10,000광년을 지나 우리 은하계를 벗어난다. 카메라는 다시 줌을 당겨 공원에 있는 커플의 1미터 위로 돌아오고, 그다음 10센티미터로 내려와 남자의 피부를 가까이에서 보여 준다. 그다음 1밀리미터로 내려와 모공 속으로 들어가기 시작해서, 다음 0.00001옹스트롬(1옹스트롬은 100억분의 1미터)으로 내려온다. 영상으로 본다면 더 이해하기 쉬울 텐데, 그래도 영화가 우주의 거대한 규모와 원자가 존재하는 아주 작은 규모, 둘 다를 얼마나 적절히 보여주었는지 상상할 수 있을 것이다.

당신이 상상력을 발휘해 확대, 축소의 과정을 유동적으로 잘 따라갔다면, 스스로 존재의 범위를 초월했다고 느낄 수도 있다. 당신이 2000년 이전에 태어났다면, 두 손가락을 벌려 확대와 축소를 하는 것이 아직은 새로울 것이다. 처음 손가락 두 개로 10의 제곱만큼을 직관적으로 확대하는 순간 '우와' 했던 그 기분을 여전히 기억할 것이다. 하지만 영화 '10의 제곱수'와 달리 사진을 줌 인, 줌 아웃하는 데는 화면 해상도의 픽셀이 모자라기 때문에 한계가 있다. 다시 생각해 보면, 당신이 보는 것은 어떤 사람의 얼굴에 있는 미세한 주름이 아니라 그

뒤에 숨은 네모난 픽셀들뿐이라는 이야기다. 그리고 사진을 축소하다가 테두리에 도착하면 더 이상 축소할 곳이 없어 멈추게 된다.

90년대 초반에 비주얼 디자이너로 일할 때 일반적인 사진을 건물 크기에 육박하도록 만드는 작업을 해 본 덕분에 나는 이런 한계들을 잘 안다. 그동안 나는 현미경의 발명에 감사하며, 특별히 전산화된 방법으로만 출력 가능한 아주 세밀한 디테일에 집중했다. 그런 실험들이 모여 모리사와 10^{Morisawa 10} 포스터를 만들었고, 그것은 뉴욕 현대 미술관^{Museum of Modern Art, MoMA}에 영구 소장되었다. 요소와 하위 요소를 반복하는 간단한 루프로 만든 작품이라는 것을 여러분은 알아볼 것이다.

 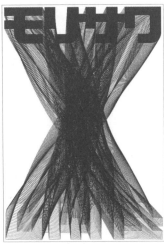

하지만 이 모든 작업도 결국 출력물이기에 종이가 끝나는 테두리에서 멈춰야 했다. 또한, 출력물은 근본적으로 잉크가 점을 찍어 만든 것이므로 확대하다 보면 결국에는 점을 만나게 된다. 무한한 규모에서의 컴퓨팅 사고(컴퓨터로 처리할 수 있는 형태로 문제와 해결책을 표현하는 사고 과정)를 보여주는 더 적절한 수단은 출력된 종이 표면에서 벗어나 재귀의 힘을 살펴보고 뫼비우스의 띠의 꼬임을 넘어서는 것이다. 도형 수업에서 자주 등장하는 유명한 수학 문제이자 재귀의 좋은 예인 '프랙탈fractal'을 살펴보자. 일단 4개의 선으로 시작해 보자.

근처에 종이와 펜이 있다면 가져와서 그려 보자. 그리고 총 4개인 각각의 선을 원래 그림과 똑같이 생긴 더 짧은 네 개의 선으로 치환하라. 해마의 등처럼 뾰족뾰족해지는 것을 볼 수 있다.

이것은 20세기 초반 스웨덴의 수학자 니엘스 파비안 헬리에 본 코크Niels Fabian Helge von Koch의 이름을 따 만들어진 코크 곡선Koch curve이라고 한다. 크기가 같은 코크 곡선 3개를 가지고 와서 삼각형 모양으로 각 끝과 끝을 이으면, 꼭짓점 6개가 있는 별 모양이 된다. 종이에다 그려서 직접 확인해 보면, 이렇게 생긴 그림이 나타난다.

별 모양으로 시작해 각 선을 코크 곡선으로 치환하면, 코크 눈송이라 부르는 것이 된다. 아래 그림을 보면 왜 눈송이라는 이름이 붙었는지 알 수 있을 것이다. 선을 치환하는 작업을 계속해 나갈수록 그림은 더욱 눈송이 같아지고, 진행할수록 디테일은 미세해진다. 그렇게 계속 반복한다. 물론 영원히. 언제까지냐고 스스로에 물어보아도, 대답은 '영원히'일 뿐이다.

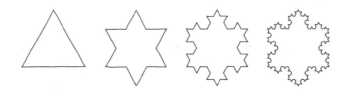

코크 눈송이의 재미있고 마법 같은 면은, 그 둘레는 무한하나 공간은 유한하다는 것이다. 모든 _를 _/_로 치환하면 당연히 둘레의 길이는 늘어난다. 하지만 둘레가 아무리 늘어나도 이 눈송이가 차지하는 실제 공간에는 한계가 있다는 사실이 수학적으로 증명되었다. 물리적 세계에서는 말이 되지 않는 일이다. 이것은 마치 내가 여러분에게 수련 잎 몇 장으로 덮을 수 있는 연못이 있는데 그 둘레를 도는 데는 무한한 시간이 걸린다고 말하는 것과 같다. 그러나 컴퓨터라는 특이한 세계에서는 이러한 불가사의도 있을 법한 일이다.

컴퓨팅 기술은 무한성, 그리고 영원히 계속될 수 있는 것들과 아주 밀접한 관련이 있다. 이러한 속성은 규모에 관한 우리의 생각(크든 작든)을 쉽게 엉망으로 만들어 놓는다. 코드를 작성하여 원하는 루프를 만들 때 당신은 통제권을 잃었다고 생각할 수도 있지만, 사실은 완벽히 통제하고 있다. 무한히 커다란 시스템을, 무한히 작은 디테일로도 만들 수 있다는 사실을 깨달았을 때 궁극적으로 찾아오는 편리함이 있다. 10억 사용자를 모두 훑어 그들의 개인 정보를 분석하도록 컴퓨터를 수단으로 정의하는 것은 잘 만든 루프 두 개면 충분할 만큼 사소하다. 다음과 같은 모습이 될 것이다.

```
for( user = 1; user <= 1000000000; user = user+1 ) {
    user_data = get_data(user);
        for( data = 1; data <= length(user_data);
            data = data+1 ) {
        analyze_user_data(data);
    }
}
```

사용자 10억 명의 사진이나 키보드 입력, GPS 위치 등의 개인 정보를 얻는 코드이다. 몇 명의 정보를 탐색하는지에 상한이 없다. 그리고 코드를 작성하는 사람이 컴퓨팅 프로세스를 얼마나 디테일하게 세분화하는지에도 한계가 없다. '얼마나 넓게', '얼마나 깊게' 중에 선택할 필요도 없다. '둘 다' 가능하기 때문이다. 그리고 코드 실행에 너무 오랜 시간이 걸린다는 문제가 있다면, 무어의 법칙에 따라 몇 주기를 지나면 몇 년 내에 컴퓨터는 충분히 처리할 수 있는 속도를 가지게 될 것이다.

이 모든 것을 저 우주 밖의 높은 곳으로 점프할 수 있는 일종의 초능력이라고 생각해라. 10의 양의 제곱, 즉 1, 10,

100, 1,000, 10,000, 100,000, 1,000,000, 10,000,000, 100,000,000, 그 이상으로 더 넓고 광활한 원근법을 원하는 만큼 얻을 수 있다. 이 초능력을 뒤집어 생각하면 10의 음의 제곱, 즉 1, 0.1, 0.01, 0.001, 0.0001, 0.00001, 0.000001, 0.0000001, 0.00000001, 0.000000001, 1 옹스트롬, 그 이하로 더 작고 미세한 원근법으로 갈 수 있다. 멋지지 않은가? 하지만 부자연스럽다고? 거의 외계인 같다? 맞다. (데이비드 보위의 '라이프 온 마스Life on Mars'가 흘러나온다.)

4/ 인간적 공감 상실의 위험성

'복잡한 문제'는 이해하는 데 시간은 걸리겠지만 어쨌든 이해할 수 있는 것을 의미한다. 고전이긴 하지만 좋은 방법인 맨땅에 헤딩하는 방식이 필요할 뿐이다. 그 과정은 힘들더라도 할 만하다. 복잡한 기계(인쇄기나 이 책을 살 때 사용한 온라인 배달 서비스 등)는 이해할 수 있는 것이다.

반면, '복잡한 난제'는 맨땅에 헤딩으로는 알아낼 수 없는 것을 뜻한다. 이렇게 쉽게 말하는 이유는 21세기 컴퓨터의 힘은 터무니없이 강력한데도 복잡한 난제를 아직 해결할 수 없기 때문이다. 복잡한 난제를 가진 기계(아는 사람을 대입해서 생각해보라)는 절대 이해할 수 없는 것이다.

나는 항상 이런 구분을 해야 한다고 생각했다. 우리가 컴퓨터 시스템을 어떻게 만드느냐는 복잡한 문제일 뿐이지만, 우리가 만든 컴퓨터 시스템과 우리가 어떻게 연결되는지는 여전히 해결해야 할 난제이기 때문이다. '10의 제곱수', 중첩된 루프, 프랙탈의 무한한 속성, 그리고 옹스트롬의 정밀도로 시간과 공간을 통제하는 능력에 대해 다시 생각해 보면, 절대적인 힘을 가진 보이지 않는 세계를 살아가고 하루의 매 순간을 통제하는 사람이 어떻게 현실과의 연결을 잃어버리게 되는지 알 수 있다. 후기 인공 지능^AI 개척자인 조셉 바이젠바움^Joseph Weizenbaum의 선견지명이 드러나는 글을 보라.

컴퓨터 프로그래머는 스스로 법을 제정하는 세계를 창조했다. 그 어떤 강력한 작가나, 연출자나, 황제도 무대나 전쟁터를 지휘하고, 충실한 배우나 군대에 명령을 내리는 것과 같은 절대적 권력을 가져본 적이 없을 것이다.

이렇게 코딩이 그들에게 주는 힘과 권력을 생각하면, 현실 세계와는 동떨어진 개발을 하겠다고 코드를 작성하거나 약간은 미쳐가는 영역으로 향하는 사람들을 보더라도 놀랍지 않다. 컴퓨터 게임은 게이머에게 아날로그적 힘을 부여하는 것처럼 보일 수 있다. 하지만 컴퓨터 게임의 코드를 작성하는 것 자체는 거의 신의 영역이다. 모든 게임의 개발자가 신처럼 개발해야 한다고 말하는 것이 아니다. 하지만 또 다른 파괴적인 성격이 섞여, 다른 사람에게는 끔찍하게도 불편한 수준의 특권 의식이나 자신의 망상을 내세우는 전형적인 '브로그래머 brogrammer(남성 프로그래머를 지칭하는 말-옮긴이)'가 될 수도 있다. 물론 코딩 때문에 이렇게 됐다는 이야기가 아니라 그냥 상관관계가 있는 정도라는 이야기다. 착한 프로그래머도 많다. 그리고 꼭 코딩을 능수능란하게 하지 않더라도, 폭군이나 권력주의자가 지구 어느 곳에서든지 소셜 미디어를 사용해 손가락 놀림 몇 번만으로 수백만의 민심과 기분을 흔들어놓는 행동을 일삼는 것을 볼 수 있다.

실제 컴퓨팅 기기는 복잡하지만 이해할 수 있다. 이러한 복잡한 기기의 사회적 영향은 오늘날처럼 점점 많은 사람과 연관될 때 복잡한 난제가 되어 버린다. 복잡한 상황은 결국 해결이 가능하지만, 난제에 부딪친 상황은 완전히 다르다. 그러므로 우리는 여전히 난제를 이해하려고 노력해야 한다. 복잡한 난제는 우리뿐만 아니라 이웃들에게도 영향을 미치기 때문이다.

당신의 정확한 명령에 따라 모든 것이 몇십억 개의 비트를 휘두르고, 초당 몇백만 회를 회전하는 속도로 움직이고 행동하고 일한다. 불만도 반대도 없는 독재적인 통제 그 자체다. 그래서 상상하기 힘들 정도로 거대한 시스템(물론 여러분은 상상할 수 있겠지만)을 수십 년간 운영해 본 몇몇 프로그래머는 자신의 권력을 체감하기 시작하고, 입력한 명령에 복종하지 않는 주변의 인간을 모두 하찮게 보기도 한다. 사이버 공간에서 자라서 온라인에서 화를 잘 내고 못된 행동을 하는 기술 애호가들을 보면 코딩이 때로는 독이 될 수도 있다는 사실에 나는 어느 정도 동의한다. 그래서 나는 때때로 기술에 가장 유능하다는 사람들의 불편한 태도를 맞닥뜨려도 놀라지 않는다. 한 줄 한 줄 코드를 작성하는 일은 기본적으로 남들과 기술을 공유하겠다는 너그러운 마음을 포함한 아주 창의적인 활동이다. 코딩이 당신을 나쁜 사람으로 만들지는 않는다. 하지만 조심하지 않는다면 주변의 세상을 보는 당신의 관점을 바꾸어 놓을지도 모른다.

나는 자기계발에 힘쓰던 초년 시절에 코딩이 나와 내 주변 관계에 부정적인 영향을 미쳤다고 누구보다 인정하는 사람이다. 나는 40대 중반에 제시 쉐프린Jessie Shefrin이라는 직장 동료와 친하게 지낸 덕분에, 경력상 재앙이 될지도 몰랐던 일을 통해 내가 얼마나 잘 성장했는지 알게 되었다. 예술가로서 제시는 그것이 불가능하다고 생각했는지, 그녀는 내가 어떻게 주변의 현실세계로부터 그렇게 쉽게 떨어져 나갈 수 있는지 물어보았다. 그리고는 나에게 요즘 힘든 일이라도 있냐고 물어보는 게 아닌가. 이 순간은 마치 나를 망가뜨리려고 시끄럽게 굴던 내 머릿속의 나방을 쿡 찔러 죽이는 것 같았다. 오늘날 나는 컴퓨터 세계에서 너무 오랜 시간을 보내면 인간관계에 특히나 나쁜 영향이 생긴다고 믿는다. 당신 주변의 사람들이 하찮게, 말 그대로 저차원적인 세상에서 사는 것처럼 보이기 시작할 것이기 때문이다. 컴퓨터 세계에서는 무조건적인 순응과 무한한 확장이 존재하지만, 사람들은 당신이 지겨운 일을 계속하라고 시키면 따르지 않는다. 여러모로 예술 세계는 인공 두뇌의 막강한 힘의 세계로부터 내 인생을 구해낸 셈이다.

나는 펜과 잉크로 그림을 그리는 기초 회화 수업을 들을 때 예술에서 재구성이 가진 힘을 처음 느꼈다. 선 하나를 조금 길게 그린 뒤, 왼손의 엄지손가락과 새끼손가락을 편 채 본능적으로 '실행 취소' 단축키를 누르려 했고, 이내 물리적 세계에는 '실행 취소' 따위가 없다는 것을 깨달았다. 이러한 '착각에 의한 반사 작용phantom reflex'은 나 자신과 주변을 다시 프로그래밍해야 하는 것이었다. 그리고 나는 물리적 법칙들과의 관계 재조정이 필요했는데, 워낙 자주 베이고 굳은살이 박여 손가락이 다 붙어 있는 걸 행운으로 여길 정도였다. 내가 가장 좋아하는 순간은 3개월에 걸쳐 알루미늄을 복잡한 모양으로 연마하고서야 손보다는 나무로 하면 훨씬 쉽다는 것을 발견했을 때다. 그때까지 나는 알루미늄을 '이류' 금속으로 취급했지만 나는 그것의 강성 계수(변형력에 대한 재료의 강도 저항)를 진심으로 존경하는 법을 배웠다.

예술 대학에서의 시간 이후 사람들을 이끌었던 경험으로부터 이와 비슷한 깨달음의 순간이 나의 삶에 종종 찾아왔다. 그 영역에서 몇 번의 극심한 실패는 불운이면서 행운이었고, 컴퓨터 이외의 세상에 얼마나 무지했는지 알게 된 것은 분명한 행운이었다. 엔지니어로서 복잡한 기계를 분해하고 이해하는 능력은 유용했지만, 예술가로서 수수께끼를 이해하고 지도자로서 사람들과 협력하는 기술을 배운 것은 삶의 중요한 가치가 되었다. 그래서 지도자나 예술가가 되기로 마음먹은 소프트웨어 개발자들을 마주칠 때면, 가족처럼 느껴지는 그들과 만나는 것이 너무 신났다.

그동안 나는 몇 시간씩 이곳저곳에서 코딩만 하며 컴퓨팅의 세계에서 지내 왔다. 그런 무한한 공간에서 일하면서 마법을 마주할 수 있는 일이 또 없었기 때문이다. 나는 그렇게 일하면서 일종의 치유를 느꼈다. 만약 어디에선가 우리가 만났을 때 기계처럼 움직이고 있는 내 모습을 본다면, 나에게 나방 한 마리를 꼭 보내 주길 바란다. 갇혀 있던 루프에서 내가 빠져나올 수 있도록 말이다.

어떤 기술이든 좋고 나쁜, 양면성이 존재한다. 노벨하면 노벨 평화상이 떠오르지만, 우리는 알프레드 노벨Alfred Nobel이 전쟁에서 다른 어떤 무기보다도 많은 전쟁 사상자를 발생시킨 다이너마이트의 개발자라는 사실을 잊곤 한다. 한편 다이너마이트는 광부들이 터널을 더 쉽고 안전하게 뚫을 수 있도록 해주기도 했다. 맨해튼 프로젝트Manhattan Project의 과학자들은 그들의 남은 인생을 사망자를 발생시키는 핵무기 개발과 사람을 살리는 핵 신약 개발 사이에서 균형을 맞추며 보냈다. 오늘날 기술 산업에서도 이러한 갈등은 존재한다. 동영상 강의로 세계 어느 곳에나 교육을 제공할 수 있지만, 꾸준히 사람들의 위치를 추적하고 행동 양식에 영향을 주며 인간의 삶을 지배할 수도 있다.

우리는 때때로 복잡한 난제를 포함한 복잡한 시스템을 만드는 데 컴퓨터 지식을 사용할 수 있다. 우리의 두뇌는 복잡한 문제를 해결하도록 훈련될 수 있지만, 우리의 가치관은 복잡한 난제를 어떻게 받아들이는지에 대한 질문을 이끌어 낼 필요가 있다. 개발자와 기술 기업들의 합작이 초기의 컴퓨터처럼 고작 몇천 명에게 영향을 주었다면, 기계의 언어를 구사하는 사람들은 하던 일을 관두고 지저분한 지하실이나 차고를 더 쉽게 떠날 수 있었을 것이다. 하지만 지금 컴퓨팅은 일상의 아주 미세한 행동들부터 전 세계적인 범위에 이르기까지 거의 모든 사람에게 영향을 미치고 있으므로, 기계의 언어와 휴머니즘 모두를 구사하는 것이 어느 때보다 시급하다.

5/ 컴퓨터는 인간보다 더 협업을 잘한다

몇십 년 전의 PC를 살펴보면, 인터넷 선을 꽂는 곳이 없다는 것을 알 수 있다. 그렇다면 바로 이런 생각이 들지도 모른다. '아, 그때는 와이파이 같은 그 시절의 무선 기술을 사용했겠구나.' 틀렸다. 그 시절의 컴퓨터는 서로 연결되지 않은 섬 같은 존재였다. 현재의 컴퓨터보다 훨씬 능력이 없었고 쓸모도 없었다. 하지만 시간이 흐르면서 우리는 컴퓨터에 키보드나 프린터, 마우스와 연결하는 방법을 가르쳤다. 그리고 '로컬', 즉 가까이 있는 기기들과 서로 네트워크를 통해 연결하는 방법도 가르쳤다. 모뎀의 등장은 전화선을 통해 훨씬 더 멀리 있는 컴퓨터와 연결하도록 해주었다. 그래서 작고 힘없는 컴퓨터도 크고 힘센 컴퓨터에 말을 걸 수 있었고, 자연스럽게 속도와 메모리의 한계를 극복했다. 작은 컴퓨터도 큰 컴퓨터처럼 강해질 수 있었다.

1980년대 MIT에서 나는 컴퓨터 달인인 한 선배의 기숙사 방에 앉아 이를 처음으로 경험했다. 선배는 나의 맥 컴퓨터를 항상 쓸모없는 장난감이라 놀렸고, '사나이의 컴퓨터'는 무엇을 할 수 있는지 보여 주려 했다. 어느 늦은 밤 다 식어버린 피자를 앞에 두고 그가 MIT 컴퓨터에서 컬럼비아대학교의 컴퓨터로, 그리고 스탠퍼드대학교의 컴퓨터로 손쉽게 넘어가는 모습을 보았다. 나는 그저 경이로움을 표할 수밖에 없었다. 매사추세츠의 케임브리지에 있으면서, 뉴욕과 캘리포니아에도 있을 수 있다니. 나는 컴퓨터가 있는 곳이라면 세계의 어느 곳으로든 날아가는 방법을 배웠지만, 사실 그 시절에는 넘어갈 컴퓨터가 그리 많지 않았다.

다른 컴퓨터로 넘어가는 일은 AOL^{America Online}(미국에서 가장 많은 사용자를 확보한 PC 통신망)로 더 쉬워졌지만, 월드와이드웹^{World Wide Web, WWW}의 등장으로 인터넷이 완전히 상용화되기 전까지는 마냥 쉽지만은 않았다. 웹^{Web}은 컴퓨터가 서로 연결되고, 인간이 이해하기 쉬운 방법으로 파일을 주고받게 해 주었다. 세상 모든 것으로의 접속이라고나 할까. 케임브리지대학교 내 커피 머신의 실시간 사진에서부터 〈와이어드^{Wired}〉 잡지까지 웹에서 보는 것이 가능해졌다. 1994년 중순에는 2,738개였던 웹 사이트가 연말에는 10,000개로 크게 늘었다. 2019년에는 10억 개의 웹 사이트가 존재했으며 현재 계속 증가하고 있는 것으로 추정된다. 가령 누군가가 인터넷에 있는 모든 정보로 세상의 모든 지식을 습득한다고 하면, 10억 개가 넘는 사이트를 방문하기 위해 엄청나게 빠른 타자와 클릭 기술이 필요할 것이다. 물론 불가능하다. 하지만 알다시피, 컴퓨터 시스템에게는 불가능한 일이 아니다.

이것이 바로 당신이 찾고자 하는 정보를 구글이 인터넷에서 찾아주는 방법이다. 세상의 모든 웹 사이트를 긁어모아 당신이 찾고자 하는 것과 비교한다. 사람은 할 수 없는 일이지만 컴퓨터가 하도록 코드를 작성하는 것은 아주 간단하다.

```
for( website=1; website <= all_the_websites;
    website = website+1 ){ < 웹 사이트의 모든 페이
    지를 방문하여 일치하는 것이 있으면 보여준다.
    > }
```

실제 코드를 아주 단순화한 것이지만, 이 규모와 속도는 서울에서 김 서방 찾는 일을 간단히 해낼 정도다. 그저 서울의 모든 집을 하나씩 하나씩 확인하기만 하면 된다. 인터넷에서 '혼란스러운 고양이'에 관한 최고의 글을 찾는 것은 인간은 할 수 없는 일이지만, 컴퓨터 코드는 상대적으로 쉽게 해낸다. 그 검

색을 빠르게 만드는 것은 예술이자 과학이다. 그리고 이 예술이자 과학이, 구글이 왜 그렇게 가치가 높은 회사인지를 증명한다. 하지만 일단은 당신이 이해할 수 있어야 한다. 따라서 지금은 한 사람이 웹에 접근하는 것과 한 대의 컴퓨터가 우리를 대신해 웹에 접근하는 것, 그리고 세계의 모든 컴퓨터가 서로의 컴퓨터의 처리 능력에 접근하는 것을 비교하며 우리의 생각을 확장해 보기 좋은 순간이다. 그렇다. 세상의 모든 컴퓨터가 서로 컴퓨터의 속도와 규모로 이야기할 수 있다면, 비교하는 것이 무슨 의미가 있겠는가.

네트워크에 연결된 컴퓨터는 항상 우리를 대신해, 때로는 자신을 위해 협력한다. 차 한 잔 얻어 마시러 갈 이웃이 있다는 것은 가치 있는 일이기 때문이다. 컴퓨터는 한 대가 모르는 것을 나머지 한 대가 알 수도 있으므로 항상 서로 대화를 나눈다. 예를 들어 당신이 사용하는 브라우저에 howtospeakmachine.com으로 데려다 달라고 했을 때, 당신의 컴퓨터는 그 서버가 어디에 존재하는지 모른다고 가정해 보자. 당신의 컴퓨터는 일단 다른 컴퓨터에 물어볼 것이며, 그 컴퓨터도 모른다면, 서버를 찾을 때까지 계속해서 나머지 컴퓨터에 물어 보고 다닐 것이다. 이러한 소통과 교환은 인간과 인간 사이의 메시지 입력 속도보다 훨씬 더 빠른 속도로 이루어진다. 지연도 없고 방해도 없다. 컴퓨터는 항상 이상적인 팀 워크의 모습으로 협력을 기다린다.

당신이 휴대 전화나 가전을 통해 무언가를 하려고 할 때처 럼, 작은 컴퓨터들은 큰 컴퓨터에 항상 부탁하는 입장이 된다. 만약 컴퓨터가 마력이 충분하지 않으면, 다른 곳에 사는 구름 과 같은 컴퓨터 네트워크에 넘겨버리는데, 우리는 이를 '클라 우드Cloud'라 한다. 클라우드가 유일하지 않다는 점을 꼭 기억 하라. 구글, 아마존, 애플, 알리바바Alibaba, 마이크로소프트 같 은 대형 기술 기업들은 대부분 수백, 수천에서 수백만 대에 이 르는 컴퓨터가 서로 완전히 연결된 클라우드를 가지고 있다.

이러한 클라우드는 전기가 너무 많이 필요해서 주로 수력 발전 댐이나 태양열 발전소 근처 알 수 없는 장소의 창문도 없 는 건물에 위치하며, 건물 안 촘촘한 선반에 컴퓨터가 줄줄이 놓여 있다. 클라우드를 이용해 당신이 접근 가능한 컴퓨터는 무어의 법칙처럼 2배로 증가하지 않는다. 네트워크에 컴퓨터 한 대가 추가될 때마다 몇 배로 늘어난다.

스마트폰까지 합치면 수십억 대에 달할 만큼 많은 기기가 어떻게 컴퓨터 네트워크로 만들어져 서로 대화하고 연결되는 지 생각해 보자. 그들 모두는 1차원, 2차원, 다차원 루프를 1초 에 수백만 번 돌고 서로 메시지를 보내 도움을 요청할 수 있다.

우리는 컴퓨터의 기술 수준과 능력이 무한히 성장하기를 원하고, 클라우드가 바로 그렇게 하게 해 준다.

우리는 어떤 디지털 기기를 쥐고 있는 것이 마치 클라우드에 떠다니는 무한히 커다란 사이버 기기의 작은 촉수를 잡는 것과 같은 순간에 서 있다. 그 클라우드의 능력은 아주 강력하다. 수년간 아무것도 모르는 그저 책상 위의 타자기의 대용이었던 쓸모없는 컴퓨터는, 이제 클라우드 속 수십억의 컴퓨터로 연결되는 관문이 되었다. 이것이 현실이 된 이상 클라우드 서비스 업체들이 가져올 가능성과 범용성의 규모에 우리는 놀랄 수밖에 없다.

예를 들어, 동영상 스트리밍 서비스인 넷플릭스의 전산 시스템을 구동하는 주요 엔진은 아마존 클라우드다. 그 이유는 넷플릭스가 자사 서버를 구축하는 데 비용이 너무 많이 들어 대여하는 것이 더 저렴하기 때문이다. 넷플릭스 같은 회사가 현재 소유하고 운영해야 하는 전문 분야가 아닌 대규모 컴퓨터 인프라를 구축하는 것은 수지가 맞지 않는다. 비용이나 전문 분야를 제쳐 두고서도 넷플릭스는 컴퓨터 자원을 유동적으로 확장하거나 고객의 요구에 따라 유연하게 조종할 수 있다는 중요한 장점을 얻게 된다. 하지만 아마존이 클라우드 시장의 절반을 쥐고 있고 그 가격을 쉽게 조정할 수 있다는 사실을 알면, 넷플릭스는 경쟁사인 구글 클라우드도 보험 삼아 구매하고 싶을 것이 당연하다. 또한, 전 세계 모든 클라우드 업체들이, 그들의 개인 컴퓨팅 서버의 상호 협력 능력을 획기적으로 개선해 더 빠르고 강력한 서비스를 고객에게 제공하기 위해 야근을 서슴지 않는다는 뜻이기도 하다.

모든 기술 기업이 자체 컴퓨팅 서버를 구축하는 대신 맞춤형 용량을 유연하게 대여하는 현상은 비교적 새로운 것이다. 클라우드 모델은 모든 원자재가 무형이고 가상적이며 보이지 않는 곳에서 회사를 구축하는 방법에 대한 근본적인 변화를 나타낸다. 하지만 보이지 않는다고 해서 이해하지 못한다는 뜻은 아니다. 그저 복잡할 뿐이다. 배워서 알면 된다. 그리고 우리 자신이 서로에게 더 좋은 협력자가 되어주기 위해, 모든 종류의 기계를 제공하는 것이 미래에 어떤 영향을 끼칠지 궁금증을 지녀야 한다. 이 문제에 대한 불안감이 내가 남은 삶 동안 팀워크를 키우고 동료들과 협력하기 위해 최선을 다하겠다고 마음먹게 했다. 우리 컴퓨터 형제님들이 우리를 기하급수적으로 통제하고 있기 때문이다.

법칙 3

디지털 제품이
살아 움직이고 있다

1/ 살아 있는 것과 그렇지 않은 것을 구별하기가 점점 어려워진다

중학교 1학년 생물학 수업 첫날 피게로아 선생님은 생물학이 삶을 연구하는 방법과 '자극에 대한 반응'을 보고 그것이 살아 있다는 것을 아는 방법을 설명했다.

무언가 움직임이 보인다면, 그것이 살아 있다는 첫 번째 증거이다. 불이 켜진 촛불이나 거울 속 자신의 모습을 보는 것이 얼마나 매혹적인지 생각해 보라. 처음에는 그것이 나와 분리된 살아 있는 무언가라고 생각할 수밖에 없을 것이다. 우리는 어두운 숲에 드리우는 그림자에 반응하고, 고요한 연못 위의 희미한 움직임에 반응하고, 조용한 방 안에서 선반에 있던 책이 떨어지는 것을 알아챈다. 그리고 이것이 살아 있거나, 자연에 반응하거나, 혹은 귀신처럼 초자연적인 무언가라고 생각한다. 이런 모든 현상은 살아 있는 세계와 연결되어 있다. 동물, 자연, 어쩌면 좀비까지도.

과학자 발렌티노 브라이텐버그$^{Valentino\ Braitenberg}$는 전기 블록으로 구성된 단순한 로봇의 세계에서 나타나는, 살아있는 듯 생생한 행동을 해석하는 방법을 설명했다. 이 세계에는 모터와 센서가 있고, 다른 구성으로 그들을 연결함으로써 어떠한 생물학적 행동이 특정 조합에서 드러난다. 예를 들어, 브라이텐버그가 앞으로 가는 모터 하나와 빛을 인식하는 센서 하나로 이루어진 단순한 바퀴 달린 로봇을 상상했다고 가정하자. 그 로봇은 빛을 비추면 움직이는 식으로 프로그래밍 되었다. 빛이 없으면 멈출 것이다. 빛을 더 많이 비추면 더 빨리 갈 것이다. 빛을 더 적게 비추면 더 느리게 갈 것이다.

이제 논리를 반대로 뒤집어 보자. 빛이 많아지면 느려지고, 빛이 적어지면 빨라진다. 가장 밝은 빛에서는 완전히 멈추고, 칠흑 같이 어두우면 허둥지둥 앞으로 나아간다. 만약 이 로봇이 당신의 주먹 크기라면 별로 특별하지도 않다. 하지만, 이 로봇이 동전 크기라면 의심의 여지 없이 소리칠 것이다. "바퀴벌레다!" 어떤 다른 생명체가 어둠이나 먼지 속에 숨는 것을 좋아하고 빛에서는 움직이지 않으려 할까? 브라이텐버그는 공격성, 사랑, 예지력과 같은 비교적 정교한 생물의 특성을 보여주기 위해 자신의 도구들을 사용하여 실제 행동과 같은 여러 가지 변형을 디자인했다. 또한, 간단한 동작을 사용하여 바닥을 휩쓸고 다니는, 일종의 지능이 있는 작은 청소 로봇을 상상했다.

오늘날 우리는 로봇에게 완전히 속아, 자세히 살펴보고서도 그것이 실제로 살아 있다는 생각을 하기도 한다. 사실 아직 그 정도는 아니다. 하지만 후기 철학자 루이스 멈포드[Lewis Mumford]가 전기 기술에 관해 언급한 내용이 20세기 초반의 인터넷 같다는 점을 생각해 보자.

현대 과학과 기술은 고유의 가능성이 부족해졌지만 인류에게 최소한 한 가지는 가르쳤다. 불가능은 없다는 것.

생명체와 완전히 똑같은 로봇은 아직 없지만, 뒷부분에서 다룰 다양한 발전 덕분에, 인공 지능은 비정상적으로 발전하고 있는 분야 중 하나가 되었다.

스마트폰과 자율 주행 차량의 출현 이전에 우리 주변에 있었던 기술에 대해 생각해 보자. ARS가 떠오른다. 그것은 1980년대부터 있던 누구나 다 아는, 형체 없는 로봇이다. 전화선 너머의 인조인간이 당신에게 말한다. "메시지를 남기시려면 1번, 메시지를 확인하시려면 2번을 누르세요." 그리고 버튼을 누르면 사서함 로봇은 마치 살아 있는 사람이 반응하듯이 입력에 반응하여 당신의 선택을 행동으로 옮긴다. 숫자 키패드로 선택의 미로를 탐색하려 할 때 인내심을 잃어본 사람이라면, 자동화된 전화선은 당신을 잘못된 곳으로 안내하면서도 절대 지치지 않는다는 것을 알 것이다. 만약 당신이 전화기를 몇 시간 동안 붙잡고 화를 낼 수 있어도, 전화선 반대쪽에서는 무한 루프가 돌고 있다는 사실을 기억해야 한다. 사서함 로봇은 당신이 아무리 분개한 목소리를 내어도 전혀 개의치 않는다. 감정이 없기 때문이다. 똑같은 말을 계속해서 반복할 시간과 여유는 충분하다.

과거의 상호 작용 기술은 필수 요소가 많이 빠졌고 우리의 입력에 느리게 대답하는, 다소 하찮은 것이었다. 우리는 물체의 반응 속도를 '생존 여부'와 연관시키기 때문에, 1초 이상 가만히 있는 바퀴벌레 로봇은 진짜가 아니라고 바로 알아챌 것이다. 과거에는 기술이 느려도 너무 느렸기 때문에 기술보다 우리가 우월하다고 느끼곤 했다. 1990년대 초기의 검색 엔진에 무언가를 입력하면, 잠깐 기다려야 했다. 하지만 요즘은 당신이 무엇을 찾으려 하는지까지 예측하기 때문에 검색이 아주 빨리 이루어진다. 그리고 이제 컴퓨터에 말을 걸면 거의 저 건너편에 있는 사람만큼이나 빨리, 심지어 "음", "아" 같은 소리까지 섞어 가며 진짜 사람인 양 대답이 돌아온다.

과거에는 컴퓨터로 뭘 하려 해도 너무 오래 걸려서 컴퓨터를 바보라고 생각하곤 했다. 하지만 오늘날 컴퓨터는 우리가 주는 자극에 아주 빨리 반응하기 때문에, 컴퓨터가 살아 있을 뿐만 아니라 정말로 똑똑한 것처럼 보이기까지 한다. 그래서 우리는 컴퓨터가 우리보다 똑똑하다고 생각한다.

피게로아 선생님이 생명에 관해 가르쳤던 내용을 다시 생각해 보면, 우리는 생명체에게 어떤 입력을 주고, 이에 반응이 있으리라 기대한다. 그녀의 수업에서 한 발짝 더 나아가면, 응답이 빠를수록 더 똑똑하다고 생각할 것이다. 그리고 만약 우리보다 내구력이 좋다고 판단되면 우리는 약간 걱정되고 불안한 마음이 생길 것이다. 생존 본능이랄까. 외면당하고 싶지 않기 때문이다. 특히나 인간을 보필하라고 우리가 직접 만든 것들에게는 더더욱.

무한한 용량의 클라우드에 접속할 때에도 컴퓨팅 기기들이 지치지 않게 해 주는 루프의 힘을 생각해 보면, 이를 설명할 단어는 살지도 죽지도 않은, '좀비' 하나뿐이다. 그리고 이 보이지 않는 좀비는 두 가지 이유로 당신을 걱정시킨다. 1) 좀비들 중 하나와 싸워서 절대 이길 수 없으며, 2) 당신이 이야기 나누는 대상이 사람인지 좀비인지 분간하기가 점점 더 어려워지기 때문이다. 전자는 당신이 삶을 제정신으로 평화롭게 살고자 할 때, 후자는 당신 주변을 둘러싼 것들과 동등한 관계를 맺으며 살고자 할 때 문제가 될 것이다. 좀비에게 당하는 것보다 더 나쁜 일은 그들이 오늘날 이미 우리 주변에서 번식하고 있다는 사실이다. 하지만 결국에는 로봇이 얼마나 사람 같아지는지와 상관없이, 당신이 인간과 로봇의 차이점을 이야기할 수 있는 사람 중 한 명이 되리라 생각한다. 최소한 그들을 구별할 기회는 있을 것이다.

2/ 생물과의 유사성: 아주 유심히 보아야만 차이를 알 수 있다

1970년대 컴퓨터의 잠재적 중독 가능성의 조짐을 이끈 조셉 바이젠바움 박사가 내가 1980년대에 MIT에서 수강한 인공 지능 수업의 교수로 들어왔다. 졸업생들은 그가 엄청나게 유명한 사람이라 귀띔해 주었지만, 여느 평범한 10대들처럼 나는 그냥 수업에서 졸지 않는 것이 가장 큰 목표였다. 하지만 몇 년 후 그가 1960년대 개발된, 영어로 대화가 가능한 최초의 프로그램인 엘리자Eliza의 개발자 중 한 명이라는 사실을 알고는 깜짝 놀랐다. 바이젠바움이 엘리자를 사용해 학생들을 진짜 사람과 이야기하고 있다고 믿도록 속이는 데 성공했다는 이야기도 꽤 설득력이 있었다.

우리는 컴퓨터 과학 개론 수업 한 해 전에 엘리자와 유사한 프로그램 코드를 짰는데, 어딘가 으스스하지만 멋진 느낌이 들었다. 엘리자의 핵심은 당시의 원조 인공 지능 방법론을 이용해 환자가 스스로 해답을 찾아가도록 도와주는 '개인 중심 치료'라 불리는 것을 단순화한 시뮬레이션이었다. 이는 단어와 숫자의 집합이 IF-THEN 구문(하나의 조건에 근거하여 다음에 실행할 처리를 결정하는 수행문) 여러 개에 묶여 순서대로 처리되는, '상징적 컴퓨팅'을 포함한다. 상징적 컴퓨팅은 프로그램을 숫자 계산보다 고급 정보를 더 많이 처리하게 만드는, '숫자보다 문자를 많이 사용하여 컴퓨터 코드를 작성하는' 멋진 방법이다. 엘리자 프로그램은 사람이 입력하는 단어를 '듣고', 다음 두 가지 중 한 가지를 실행한다. 1) 입력받은 단어로 다시 질문하거나, 2) 특정 단어가 트리거trigger(다른 기능이나 행위를 촉발하는 기능-옮긴이)를 발생시켜 정해진 대답을 생성한다. 무한 루프에 { 안긴 } 다음의 코드를 보자.

```
forever {
    < 입력받은 문장 중 '나는'을 '너는'으로 바꾸고
    '고 했니?'를 추가한다. >
}
```

무슨 일이 벌어질까? 컴퓨터에 "나는 오늘 기분이 안 좋아"라고 하면, "너는 오늘 기분이 안 좋다고 했니?"라고 하거나, "나는 오늘 쇼핑하러 가"라고 하면, "너는 오늘 쇼핑하러 간다고 했니?"라고 대답하는 식이다. 멋지지 않은가?

　　그리고 우리는 특정 단어에 트리거를 생성하는 법을 배웠다. 무한 루프 속 수정된 버전의 다음 코드를 보자.

```
forever {
    < 입력받은 문장 중 '나는'을 '너는'으로 바꾸고
      '고 했니?'를 추가한다. >
    < 누군가 '엄마' 혹은 '아빠'를 언급하면 다른 내
      용은 모두 무시하고 'X에 대해 더 이야기해 봐.'
      라고 말한다. >
}
```

　　만약 컴퓨터에 "모두 우리 엄마 탓이야."라고 한다면 컴퓨터는 "엄마에 대해 더 이야기해 봐."라고 대답할 것이다. 만약 "아빠랑 같이 했어!"라고 한다면 "아빠에 대해 더 이야기해 봐."라고 할 것이다. 만약 편하게 "어?"나 "아!" 같은 감탄사를 던져 주어도 프로그램은 바보처럼 "어? 뭐라고 했어? 발이 너를 괴롭힌다고? 아! 발에 대해 더 이야기해 봐."라고 기다렸다는 듯 이야기할 수도 있다.

　　더 깊이 있는 대화를 나눈다고 생각하게 만들도록 코드의 논리를 간단히 수정하여 실제로 말을 듣고 있는 것처럼 만들어 보자.

```
forever {
    < 입력받은 문장 중 '나는'을 '너는'으로 바꾸고,
      '고 했니?'를 추가한다. >
    < 누군가 '엄마' 혹은 '아빠' 같은 가족을 언급하
      면, 다른 내용은 모두 무시하고 'X에 대해 더 이
      야기해 봐.'라고 말한다. >
    < 상대가 타이핑한 잠시 후에는, 전에 이야기했던
      내용에서 주제를 발췌하여 '나는 X에 대해 더 듣
      고 싶어.'라고 추가한다. >
}
```

실제로 코드를 실행해 보면 다음과 같이 될 것이다.

사람 : 나는 좋은 날을 보내고 있어.
기계 : 너는 좋은 날을 보내고 있다고 했니?
사람 : 응. 정말 멋졌어!
기계 : 더 이야기해 봐.
사람 : 할머니가 이야기한 것에서 시작해.
기계 : 할머니는 뭐하시는 분인데?
사람 : 할머니는 퀸즈에서 빵집을 운영해.
기계 : 나는 너의 좋은 날에 대해 더 듣고 싶어.
사람 : 듣던 중 반갑네! 그럼 이야기를 시작해 볼게⋯

당신이 아무 말이나 해도 모두 참아내고 친절하게 경청하며 편안함을 선사하는 대화가 얼마나 즐거운지 생각하면, 이러한 대화는 사람의 기분을 좋게 만든다. 게다가 이 프로그램은 무한 루프로 만들어졌기 때문에 인내심 강한 부모님이나 사랑하는 사람처럼 옆에 앉아 끝도 없이 당신의 이야기를 들어줄 것이다. 우리는 누군가 우리 이야기를 잘 들어줄 때를 좋아하지 않을 수 없다. 그것은 존경의 표시이고 존재 자체를 인정한다는 의미이기 때문이다. 그 존경과 인정이 비록 기계에서 나온 것이라 해도 그렇다.

컴퓨터가 사람을 쉽게 속일 수 있다는 사실은 어린 바이젠바움 박사를 심하게 괴롭혔다. 발명품을 망설임 없이 시장에 내놓는 야망 있는 요즘 기술자와 달리, 바이젠바움 박사는 평범한 기술자가 아니었다. 어려서 그는 나치 독일에서 도망쳐 홀로코스트를 탈출했다. 그의 세계관은 힘을 남용하는 데서 오는 위험을 이해하는 것을 바탕으로 형성되었다. 결과적으로 바이젠바움은 엘리자를 개발한 이후, 그 획기적인 발명품을 바탕으로 커리어를 쌓거나 이익을 보려 하지 않았고, 대신 디지털 기술이 사회에 미치는 위험에 목소리를 높였다. 그는 언젠가는 컴퓨터가 인간의 버릇을 그저 교묘히 따라 하는 것이 아니라 대화하고 있는 인간의 모든 정보를 알아내어 인간을 흉내 내게 될 것이라고 직감했다.

그러나 바이젠바움의 예언에는 세 가지 장애물이 있었다. 1) 인공 지능이 설득력 있는 대답을 하려면 개인에 관한 모든 정보를 수집하는 방법이 필요했고, 2) 인공 지능이 대화의 새로운 패턴을 배우기 위해서는 다른 사람들과의 수많은 대화를 수집하는 방법 또한 필요했으며, 3) 상징적 컴퓨팅이 아직도 해내지 못한, 수집한 정보를 모두 처리할 수 있는 새로운 방법이 필요했다.

1, 2번 조건은 스마트폰의 등장으로 이미 이루어졌고, 특히나 중독성이 강하다는 스마트폰의 특성 때문에 클라우드는 인간의 행동을 강력한 수준으로 꾸준히 감시할 수 있었다. 3번 조건은 최근 상징적 컴퓨팅과 동시에 떠오른 컴퓨팅 기술인 '인공 신경망'으로 가능해진다. 신경망은 1960년대에는 연구 지원 자금의 경쟁에서 밀린 분야였지만, 지금은 놀랄 만큼 정확해져 우리는 인간과 비슷하게 말하고 글 쓰는 컴퓨터에 점점 익숙해지고 있다.

그리고 몇 해 전 특별한 하드웨어가 세 번째 장애물을 무너뜨렸다. GPU라 불리는 그래픽 카드는 게임 애호가의 PC에 실사에 가까운 이미지를 구현하며 컴퓨터 게임을 더 빨리 구동할 수 있도록 만들어진 부품이다. 게임 속 작은 다각형들이 화면의 픽셀마다 그림자를 만든다고 생각해 보라. 메인 CPU

가 직접 처리하기에는 너무 지루한 일이고, 시간이 지날수록 화면에 나타나는 모든 픽셀을 처리하기 위해서는 특별한 형태의 '보조 프로세서'가 필요하다는 결론에 다다랐다.

오늘날 일반적인 컴퓨터의 사양을 살펴보면 GPU가 주요 판매 요소로 언급되지만, 이는 게임을 할 때나 적용되는 이야기이다. GPU는 일반적인 데이터 처리 속도를 향상하는 데는 실제로 전혀 도움이 되지 않는다. 오직 화면에 멋진 그래픽을 보여주기 위한 방대한 양의 숫자 계산을 처리하는 데 쓰일 뿐이다. 누구나 기름칠 한 듯 부드러운 화면을 좋아하지만, 점점 강력해지는 GPU는 평범한 컴퓨터 사용자들의 기대치와 수요를 능가했다. 하지만 GPU는 숫자를 집중적으로 처리한다는 점에서 50년 동안 무시당한 채 편집실 바닥에 나뒹굴던 '인공 신경망'이라는 오래된 인공 지능 개념을 21세기에 다시 깨워 구동하기에 완벽한 가속 장치였다.

'신경망'이라는 표현을 두 단어로 떼어서 생각해 보자. 신경: 뇌 속 뉴런과 관련이 있다. 망:뉴런 간 연결에 관한 것이다. 인공 신경망은 상징적인 코드로 정의된 논리 집합을 포함하지 않으므로, 상징적 컴퓨팅과는 다르다. 그것은 오히려 입력과 출력 사이 숫자 '그대로'의 관계, 즉 마치 뇌 속 뉴런이 서로 연결된 것처럼 유사한 요소들이 서로 연결된 집합의 수학적 모델과 같다. 따라서 신경망은 평범한 컴퓨터 프로그램처럼 기호들로 이루어진 논리적 구문으로 쉽게 풀어쓸 수 없다. 대신에 숫자 그 자체가 패턴을 '학습'할 때까지 인공 뉴런을 계속해서 오간다.

이는 일정 기간 특정 운동을 하면 근육이 그 운동에 적응하는 것에 비유할 수 있다. 당신이 운동을 열심히 했다면 운동의 단계를 하나하나 생각해 가며 할 필요 없이 근육이 먼저 반응한다. 다시 말해서 신경망은 따라 하기 쉬운 레시피처럼 글로적은 것이 아닌, 우리가 가진 직감의 일종을 해석하는 수단이다. 또한, 우리는 오랫동안 알파벳과 숫자로 이루어진 코드 작성법을 진리라고 받아들였지만 신경망과는 분명히 구별된다. 인공 신경망에는 실제 컴퓨터 코드가 없다. 그저 패턴을 학습하는 검은 상자 하나가 있을 뿐이다. 검은 상자 안에는 뇌 속뉴런의 전기적 작용을 본 따 만든 개략적인 수학 모델이 있다. 여기에 올바른 방법으로 자극을 주면 스스로 스파크를 일으켜연결하고, 입력받은 숫자 데이터와 상관관계를 맺는다.

1960년대 사망 선고를 받은 인공 신경망은 이러한 요인들이 모여 예기치 못한 컴퓨터 지능의 '소닉 붐'과 함께 부활했다. 무어의 법칙이 일반적인 CPU를 빠르게 만들고 특수한 목적을 가진 GPU 개발까지 밀어붙인 것이다. 상징적 컴퓨팅이 인공 지능에 접근하면서 컴퓨터가 얼마나 똑똑해질 수 있는지는 절정에 달했다. 그리고 구글, 애플, 페이스북, 아마존이 우리로부터 수집한 데이터도 정점을 찍었다. 이런 변화를 이야기할 때, 과거에서 온 약간 부정적인 의미를 내포한 '인공 지능(AI)'이라는 표현을 잘 사용하지 않는 경향이 있다. 대신에 우리는 이러한 신종 인공 지능을 설명하는 두 가지 표현을 선호한다. '머신러닝Machine Learning, ML'과 '딥러닝Deep Learning, DL'이다.

구체적으로는 딥러닝은 머신러닝에 사용하는 기술을 말한다. 인공 지능을 구현하는 전통적인 접근은 컴퓨터에 IF-THEN 구문으로 추론하는 법을 알려 주는 것이었다. 반면 딥러닝은 뇌의 모델, 특히 뉴런 통신을 차용하여, 원하는 행동을 관찰하여 생각하는 방법과 그러한 반복적인 행동 패턴을 분석하여 기술을 배우는 방법을 컴퓨터에 가르친다. 이것이 잘 작동하게 하려면 컴퓨터가 우리의 행동을 가급적 계속해서, 멈추지 않고 관찰해야 한다. 컴퓨터가 딥러닝을 흉내라도 내려면 많은 양의 연습 데이터와 엄청난 처리 능력이 필요하고, 이것은 이전에는 기술적으로 부족했기에 불가능한 일이었다. 하지만 이내 무어의 법칙은 우리에게 어떠한 계산이라도 해낼 수 있는 컴퓨팅 능력을 가져다주었다. 우리는 가르칠 필요가 없게 되었다. 손에 어떤 데이터를 쥐고 있든 스스로 가르칠 수 있고, 더 똑똑해지기 위해 데이터가 더 필요하면 언제든 클라우드에서 가져올 수 있기 때문이다.

이를 완벽하게 이해하기는 쉽지 않으니 잠깐 쉬었다 가자. 이것은 마치 프랑스 전통 빵집인 블랑제리boulangerie에 들어가서 빵을 추천해 달라고 했더니 똑같이 생긴 빵 덩어리 두 개를 내미는 꼴이다. 하나는 뺑오르방pain au levain, 다른 하나는 뺑알라르뷔르pain à la levure이다. 나처럼 평범한 미국인에게는 두 빵 모두 밝은 갈색에 껍질은 바삭하며 밀가루가 묻어 있는 대표적인 프랑스 바게트의 모습이다. 하지만 프랑스인에게 이 두 종류의 빵은 맛으로는 거의 구분이 안 되더라도 각각 만들어지는 과정이 다르므로 완전히 다른 빵이다. 뺑오르방은 천연 효모로 만들어지고 뺑알라르뷔르는 화학 효모를 사용한다. 뺑오르방의 철자는 n으로 끝나고 천연natural은 n으로 시작하므로 이를 외우면 연상하기 쉽다.

나는 컴퓨팅 기기와 구식의 인공 지능을 만드는 전통적인 기술이 뺑오르방과 비슷하다고 생각한다. 자연스러운 수제 코드인 셈이다. 하지만 인공 신경망을 이용해 인공 지능을 구현하는 방법은 새롭고 인조적이라는 점에서 뺑알라르뷔르와 비슷하다. 두 종류의 빵과 유사한 두 종류의 컴퓨팅 기술 모두 결과적으로는 기본적인 요구 조건을 충족시키지만, 그 각각의 성분과 수준이 다르다. 뺑오르방과 뺑알라르뷔르의 차이를 무엇이라 설명할 수 있겠는가? 일단 눈으로 보이는 모양새는 아니다. 냄새로는 추측할 수 있을지도 모른다. 천연 효모는 화학 효모에는 없는 시큼한 냄새가 난다. 가까운 과거에도 상상할 수 없었던 놀라운 일을 하는 신경망은 '냄새'를 풍기지 않기 때문에, 우리는 아주 유심히 보아야만 차이를 알 수 있다.

바이젠바움의 인공 지능 시대에는 여전히 컴퓨팅 시스템의 로봇 같은 대답을 구별해 내는 것이 가능했다. 뺑오르방의 고유한 냄새가 났기 때문이다. 하지만 그 과거에도 무어의 법칙에 비추어 보면, 인간의 대답과 기계의 대답을 구분하기가 더 어려워질 것은 뻔해 보였다. 바이젠바움이 그랬듯, 당신도 무서울 정도로 생동감 있는 신경망 기술의 등장이 걱정된다면 뺑알라르뷔르 인공 지능에 관해 진행 중인 논쟁에 참가했다고 볼 수 있다. 머신러닝 전문가 앤드류 응Andrew Ng은 이 문제를 그저 컴퓨터가 결국엔 우월한 생활 양식으로 거듭나게 될 것인지에 관한 의문 중 하나로만 여기지 않았다. "인공 지능의 다음 영향을 이해하려고 한다면, 그것을 '감각'이라 생각하지 마라. '약발 받은 자동화'라고 생각하라." '약발 받은 자동화'란 무한히 큰 컴퓨팅 기기가 살아 있는 생명체를 절대 지치지 않는 좀비처럼 행동하도록 만드는, 도리어 우리에게 패턴을 통해 명령을 내리는 것을 의미한다. 우리가 무심한 인공 지능 로봇이 존재하는 시대에 살고 있다는 뜻이다.

무어의 법칙은 예상치 못한 일이 일어나는 곳으로 우리를 너무 멀리 데려가 버려서, 새로운 ᄤ알라르뷔르 '기계'는 과거보다 훨씬 더 높은 지능으로 작동하게 되었다. GPU는 신경망의 처리 능력에서 양자도약을 이끌어냈지만, 앤드류 응의 '약발 받은 자동화'는 신경망을 작동시킬 충분히 큰 데이터 집합을 필요로 했다. 아마 데이터가 충분하지 않다면 스스로 배우기가 그렇게 쉽지는 않았을 것이다.

예를 들어, 2012년 이전에는 이미지 인식의 평균 오류 발생률이 28퍼센트였고 음성 인식에서는 26퍼센트였다. 머신러닝 방식이 도입된 이후 평균 오류 발생률은 이미지 인식에서 7퍼센트, 음성 인식에서 4퍼센트로 떨어졌다. 클라우드가 우리의 활동에서 더 많은 데이터를 흡수하기 시작하면, 그리고 좀비들이 우리의 모든 움직임을 복제하느라 점심시간도 없이 일한다면, 우리는 결국 AI와 인간을 구분할 수 없게 될 것이다. ᄤ알라르뷔르 인공 지능은 과거의 인공 지능처럼 시큼한 냄새를 풍기지 않고 여기까지 왔다.

3/ 예술적 관점은 인간적 호기심을
잃지 않게 해 준다

내가 RISD 총장직에 있는 동안은 STEM이 무엇보다 우선
되던 시기였고, 그래서 예술 교육에 힘쓰는 것이 나의 의무라
고 생각했다. 나의 기술적 커리어가 예술 분야에서도 성공을
거둔 후 주당 몇 시간이던 공교육의 미술 수업이 한 시간 이
하로 축소되었다는 이야기를 듣고 STEM에만 집중된 교육의
한계를 드러낼 방법을 고민하기 시작했다. 이는 곧 무어의 법
칙이 가져온 득과 실에 관한 고민이기도 했고, STEM보다는
STEAM이 더 전략적이라고 나를 설득하며 예술이 STEM에
포함될 때 기대할 수 있는 경제적 이익을 연구했다.

나는 이 주제를 워싱턴 D.C.에서 열린 미국 의회에 가져가
어떻게 예술과 디자인이 STEM의 그늘에 가려졌는지에 관
해 수많은 이야기를 했고 이후 실리콘 밸리로 향했다. 나는 애
플이나 에어비앤비와 같은 회사가 자사 제품(재화와 서비스)에

서 STEAM의 가능성을 어떻게 완벽하게 활용하도록 관리했는지 알고 싶었다. 내가 발견한 것은 무엇이었을까? 그런 디자인 중심 회사들은 예술이 곧 인생을 즐기는 과학이라는 사실을 완벽히 이해하고 있었고, 따라서 그들의 제품으로 고객들이 삶을 즐길 수 있도록 제품 생산 단계에 예술가를 끌어들이지 않을 수 없었다.

예술가들은 과소평가되는 경향이 있다. 내 개인적인 경험에 의하면, 우리 부모님은 내가 행여나 취직을 못 할 수도 있다는 두려움에 미술 대신 수학을 공부하기를 바랐다. 예술은 뭔가 난해하고 소외된 것처럼 보이기도 하지만, 나는 컴퓨팅 세계와 완벽하게 화합되는 예술의 한 특성을 찾아냈다. 예술은 그저 보고 느끼는 것이 아니다. 숨겨진 모든 것을 발견해내면서 세상 모든 것의 핵심에 무엇이 있는지 이해하는 것이다. 예를 들어, 우리가 사과를 한 입 베어 물어도 즉시 알 수는 없는 중요한 사실을 예술가들은 안다.

기억 속 사과를 그리려고 하면 원을 그리고 꼭대기에 막대기 하나를 그릴 것이다. 하지만 사과는 원이나 구가 아니다. 오각형 고체에 가깝다. 사과 반쪽을 세로로 말고 가로로 잘라 보자. 무엇이 보이는가?

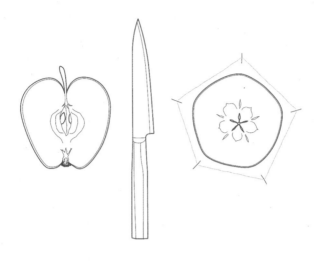

　오각형이 보이는가? 이 사실을 알면 사과를 더욱 사실적으로 그릴 수 있다. 우리 행성의 과반수가 넘는 식물이 이렇게 오각형 모양을 하고 있는데, 사과의 경우는 사과 꽃의 모양에서 드러난다. 이를 가장 쉽게 증명하는 방법으로 벚꽃 이모티콘을 입력해 보면, 이와 비슷한 오각형의 대칭 구조를 볼 수 있다. 훌륭한 예술가는 사과에 관한 기본적인 사실을 바탕으로 자연적인 형상을 가져와서 사과를 그린다. 우리는 이해하려 열심히 노력해야만 보이는 것들을 말이다. 예술가가 인체를 정확히 표현하기 위해 첫 번째로 하는 일이 바로 골격 구조를 먼저 공부하고 뼈에 근육이 어떻게 붙어 있는지 확인하는 것이다. 아주 논리적이면서도 엄밀한 과정이다.

우리는 예술가들이 그저 자유롭게 상상한 세상을 표현한다고 생각하곤 하지만 이는 잘못된 생각이다. 나 역시도 어릴 때 그런 생각을 했었지만, 예술계에서 굴러본 경험으로 나는 예술가들의 마음을 더 깊게 이해할 수 있게 되었다. 생각의 평면 첫 장에 전경과 배경을 동시에 그리는 예술가의 능력은 내가 매우 감사하게 생각하는 기술이다. 나는 어느 늦은 밤 RISD 캠퍼스를 거닐다 마치 자연사 박물관 같은 에드나 로렌스 자연 연구실Edna Lawrence Nature Lab을 얼쩡거리면서 이를 처음 배웠다. 연구실에는 박제된 야생 동물, 말린 식물, 광물 샘플 등이 있었다. 나는 그곳에 자주 들러 작은 유리 보관함이 늘어선 웅장한 선반을 바라보곤 했다. 그 보관함에는 파란색, 녹색, 주황색 날개를 가진 모든 모양의 나비 샘플이 빛나고 있었다.

어느 추운 겨울날 저녁 자연 연구실에 들어섰다. 연구실이 비어 있는 덕분에 학생 조교에게 편하게 질문을 건넬 수 있었다. 나는 여기서 나비가 가장 유명한 것인지 물어보았다. 나비는 내가 가장 좋아하는 것이었다. 학생은 곧바로 대답했다. "아뇨. 조롱박이 더 유명한데요." 그녀의 짓궂은 표정은 마치 나에게 '나비를 좋아하다니, 뻔하고 유치한 취향이시군요.'라고 말하는 듯했다. 대부분의 사람들이 똑똑한 대학생에게 겁을 먹는 데는 이유가 있다. 나는 최대한 굽실거리는 모드로 조용히

표현했다. '제발 가르쳐주세요, 스승이시여!'

운이 좋게도 그녀는 나에게 먹잇감을 하나 던져 주었다. "깃털이 진짜 대박인데!" 나는 그녀가 쉬는 시간에 피면 안 될 것을 핀 것은 아닌지 약간 걱정이 되었다. 깃털이라니?!?! 도대체 무슨 말일까.

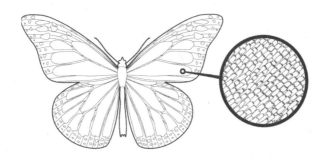

극도로 혼란스러웠던 그때 그녀는 커다란 전시용 보관함에서 나비 샘플 하나를 꺼내 설치한지 얼마 되지 않은 고성능 현미경으로 휙 다가갔다. "여기 보세요!" 화면에 초점이 맞아 들어가고 내가 본 것은 다름 아닌 나비의 날개 표면에 있는… 깃털과 같은 것이었다. 그것은 나비가 어릴 적 호기심 많은 당신의 손에 잡혀 더 이상 날 수 없게 되어 버렸을 때 손가락에 붙

는 가루 같은 물질이었다. 하지만 가루가 아니었다. 정말 깃털에 가까운 모습이다. 나는 차가운 바깥 공기를 맞으며 길을 나섰다. 그러나 그 똑똑한 학생이 엄청나게 다른 규모를 아우르며 연결을 만들어내는 능력을 보니 이내 마음이 따뜻해졌다. 예술가들이 예상치 못한 것들끼리 연결시키는 능력이 얼마나 뛰어난지 다시 생각해 보게 되었다.

그 예상치 못한 연결에 존경심을 표하고자, 나는 작은 책상 위에 자연사 연구실을 만들고 청자고둥 껍데기를 전시했다. 이 바다 달팽이의 껍데기에는 당연히 깃털 같은 것은 없었지만, 작은 삼각형이 모여 더 큰 삼각형들을 이루는 거미줄 같은 패턴이 있었다. 코크 눈송이를 확대했을 때 보이는 끝나지 않고 반복되는 패턴처럼 말이다. 이 패턴은 유명한 컴퓨터 과학자인 스티븐 울프럼Stephen Wolfram이 발견한 컴퓨터 알고리즘 '규칙 30'과 비슷한데, 유기적이고 물리적인 현실과 보이지 않는 컴퓨터 세계 사이의 놀라운 연결을 보여준다. 따라서 우리가 컴퓨터에 작성해 놓은 코드는 비인간적인 알고리즘처럼 보일지 몰라도 우리가 생각하는 것보다 더 인간적이고 자연스러울 수도 있다.

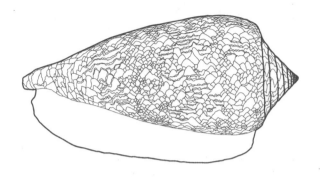

규칙 30은 0으로 설정된 숫자 여러 줄로 시작한다.

00000000000000000000000000000 …

그리고 다음 규칙 8개를 바탕으로 다음 줄의 숫자들을 변경
하는 간단한 코드를 작성한다.

규칙 1 : 0이 3번 연달아 나오면 가운데 숫자는 0.
규칙 2 : 1이 3번 연달아 나오면 가운데 숫자는 0.
규칙 3 : '110'이 나오면 가운데 숫자는 0.
규칙 4 : '101'이 나오면 가운데 숫자는 0.
규칙 5 : '100'이 나오면 가운데 숫자는 1.
규칙 6 : '011'이 나오면 가운데 숫자는 1.
규칙 7 : '010'이 나오면 가운데 숫자는 1.
규칙 8 : '001'이 나오면 가운데 숫자는 1.

숫자를 모두 0으로 해서 시작한 결과는 다음과 같이 상당히 지루하다.

00000000000000000000000000…
00000000000000000000000000…
00000000000000000000000000…

하지만 첫 번째 줄 숫자 중 하나를 1로 설정하면, 알고리즘이 단계를 거듭하며 무언가 일을 하기 시작한다.

00000000000001000000000000…
00000000000011100000000000…
00000000000110010000000000…
00000000000110111000000000…

1과 0으로 이루어진 패턴은 몇백 번을 반복하면 위아래로 굽이치는 패턴으로 성장한다. 숫자 0을 하얀색 네모, 1을 검은색 네모로 바꾸어 보면 다음과 같은 패턴이 나타날 것이다.

10번째 줄까지 그렸더니 내 손이 아팠으므로 나는 내가 손으로 대충 끄적거린 사각형 대신 완벽한 사각형으로 290줄을 덧붙일 수 있는 프로그램을 작성했다. 프로그램은 1초도 걸리지 않았다.

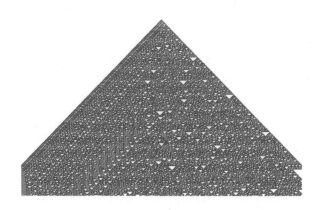

이 결과물이 청자고둥의 껍데기와 아주 닮아 있는 패턴이라는 사실은 과학 잡지 몇 군데에서도 주제로 선정하여 그 의미를 연구했다. 당신도 나처럼 미신을 믿는다면, 이것이 그저 우연의 일치는 아니라고 생각할 것이다. 자연이 기계의 언어를 말하나? 아니면 반대로 기계가 자연의 언어를 말하나? 우리도 알고 보면 기계인가? 당신도 이런 질문들을 던지고 있다면 아주 예술가다운 발상을 하고 있는 것이다. 예술가들은 그

저 표면의 아름다움보다 더 깊은 곳을 보는 방법을 안다. 그들은 그 아래, 더 아래에 무엇이 있는지 파고들며 무언가를 찾아낼 때까지 쉬지 않는다. 내가 가장 좋아하는 티셔츠 문구는 바로 이것이다. '예술이 없는 지구는 그냥 구다.'

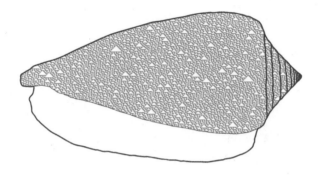

4/ 인생은 우리가 관계 속에서 살아가는 방법으로 정의된다

나는 창의적인 사람들과 많이 일했는데, 그들은 '창의적이지 않은' 일을 하는 관리자나 사무직을 무시하곤 했다. 관리자들은 직접 만들어 내는 것이 하나도 없다고 생각하는 듯했다. 예술가나 디자이너들은 손을 더럽히며 무언가를 만들고 그 정직한 작업의 결과물을 눈으로 확인해야만 온전히 무언가를 만들었다고 말할 수 있다고 생각한다. 손보다는 입으로 일을 하는 사람들의 깨끗한 손에 비하면 아주 극명하게 대비되는 더러운 손이다.

'손 대(對) 입'의 대립은 내가 RISD 캠퍼스를 산책하다 처음 만난 한 학생으로부터 들었다. 젊은이 특유의 스웨그 넘치는 걸음걸이로 그는 길을 가던 내 옆으로 슥 다가왔다. "안녕하세요, 존. 방금 저기에서 학생들이랑 이야기하시는 것 들었어요. 쟤네랑 놀지 마세요." 나는 매우 당황했지만, 이웃을 사랑하라는 포용주의를 믿는 사람으로서 그에게 왜인지 물어보았다. "입만 살아 있는 애들이잖아요. 작업에 관해 말만 하고 실제로 결과물을 만들지는 않아요. 저희랑 노시죠. 실제 창작자들이요. 말만 많이 하느라 시간 낭비하는 애들 말고, 계속 무언가를 만들고 있는 저희요."

그 학생의 노골적이면서도 단순한 논리는 MIT 슬론 경영대학원MIT Sloan School of Management의 경영 담당 동료를 대하던 MIT 공대 학생들의 심리를 떠올리게 했다. 그들은 무언가를 만드는 사람은 '좋은 사람', 말을 하는 사람은 '악마'라고 생각했다. 만드는 사람이지만 내면의 소리에 귀를 기울인 사람으로서 나는 그 학생에게 이렇게 말할 수밖에 없었다. "미안하지만, 말이 많은 건 바로 너야. 그렇지 않으면 이렇게 나한테 와서 말을 걸지도 않았겠지. 말 많은 것의 장점을 알려줄게. 말은 너와 다른 사람들을 연결해 주는 역할을 해. 그리고 그 과정에서 네가 몰랐던 것들을 알게 될 뿐 아니라 새로운 친구를 사귀고 네가 만들 창작물의 잠재력 또한 커진단다."

나는 후에 이 학생이 손 대 입이 아닌 손과 입의 발견으로 TED 커뮤니티에서 활발히 활동하는 모습을 보게 되어 매우 기뻤다. 여기서 이 이야기를 하는 목적은 그 학생 이야기를 하려는 것이 아니라 일을 '수행함'과 '연결함'의 패러다임을 생각해 보기 위해서다.

디자이너와 개발자들은 처음 일을 시작할 때 스스로를 무언가 만드는 사람이라 정의한다. 손을 사용해 일하고, 공개 포럼에서 등 떠밀려 작업 이야기를 할 때보다는 만들어진 결과물을 스스로 인지할 때 자부심을 느낀다. 만드는 사람들은 '마음의 성'을 지어 스스로의 생각과 스스로가 깊게 관여한 작업만이 중요한, 왕권 아래에 사는 경향이 있기 때문이다. 혹은 데이비드 포스터 월리스^{David Foster Wallace}가 '작은 두개골만한 왕국의 황제가 되어 다른 모든 생명체들 사이에서 혼자 존재할 자유'라고 냉소적으로 묘사한 것처럼, 창작이란 혼자 남겨지는 일이기도 하다.

당신은 나의 이런 표현에 경멸이 담겼다고 생각할지도 모르겠으나, 내가 존중하지 않아서 이렇게 말하는 것이 아니다. 이는 내가 가장 편안함을 느끼는, 내 집의 잔디밭이나 다름없다. 이렇게 해야만 내가 더욱 균형을 유지하고 세상과 교류할 수 있기 때문에, 정기적인 의식처럼 행할 뿐이다. 내 인생의 대부분 동안 나는 만들기를 좋아해 왔기 때문이다. 그걸로 끝. 여기에 말을 덧붙일 필요는 거의 없었다. 사실 이러한 마음가짐의 전형은 나의 초기 커리어에서 가장 유명한 예술 작품 중 하나인 다음의 짧은 시에 드러나 있다.

All I want to be (내가 되고 싶은 전부는)

is someone who makes new things

(새로운 걸 만드는 사람)

and thinks about them (그것을 생각하는 사람)

온전히 만드는 사람으로서 살 수 있는 시기가 나에게도 있었다. 나의 초기 컴퓨터 디자인 작업은 일본에서 악평을 얻고 있었고, 나오미 에나미Naomi Enami라는 편집장이 내 작품을 내주고 있었다. 에나미 씨는 나 대신 말을 해 주었고, 나는 그 뒤에서 만들기만 하면 됐다.

90년대 초반 어느 가을 에나미 씨는 내가 꼭 연사로 나섰으면 좋겠다며 유명 콘퍼런스에 나를 초대했다. 나는 부끄럼이 많아 사람들 앞에서 이야기하고 싶지 않았다. 그러나 에나미 씨가 나를 도와줬던 것을 생각해 차마 거절하지 못했고, 결국에는 긴장 속에 발표를 마쳤다. 그날 저녁 에나미 씨는 내게 콘퍼런스 뒤풀이에 가서 사람들과 어울리라고 했다. 나는 이만 집으로 돌아가 내 컴퓨터로 작성하던 코드나 마저 작성하고 싶다고, 뒤풀이에는 가고 싶지 않다고 그에게 말했다. 그는 근엄한 표정으로 나를 쳐다보더니 일본어로 이야기했다. "마에다 씨. 관계를 만들어 나가는 것도 소프트웨어나 디자인을 만드는 것만큼이나 중요하답니다." 나는 물론 젊은이의 패기로

그의 말을 듣지 않았고, 집으로 돌아가 코딩을 시작했다.

그리고 몇 주 후 에나미 씨는 혼수상태에 빠졌다. 이 일이 있고 난 후, 나는 더 이상 나를 위해 대신 말해 줄 사람이 없다는 것을 깨달았고, 나 스스로를 위해 어떻게든 말하는 법을 배워야 했다. 그래서 나는 스스로 '작은 두개골만한 왕국'에서 벗어나, 말하는 사람이 되기 위해 할 수 있는 모든 노력을 다했다. 나는 그 과정에서 만드는 사람들에게, 말하는 사람과 협업하면 얼마나 이익을 얻을 수 있는지 배워보라고 권유했다. 말하는 사람들은 그냥 서로 말하고 마는 것이 아니라, 잠재적 고객들과도 이야기를 나누기 때문이다. 말하는 사람에 의한 연결 작업은 만들기 작업 자체에서도 똑같이 중요하며 만드는 사람들보다 훨씬 더 대단한 청중이 따라올 가능성을 높여줄 것이다.

실제 세계에서도 컴퓨팅 세계에서도 연결이라는 작업은 개인이 실행할 수 있는 작업 수준보다 훨씬 큰 규모로 변화를 일으키는 기폭제 역할을 한다. 초기의 컴퓨터 그 자체는 텔레비전 화면을 독점한 고급 계산기에 불과했으나, 후에 인터넷의 출현으로 다른 기계와 상호 연결이 가능한 아주 놀라운 무언가가 되었다. howtospeakmachine.com에 도달하기 위해 우리가 선택할 수 있는 컴퓨터는 수십억 대라는 사실과, 사이트에 접속하기까지 우리는 단 1초도 기다리려고 하지 않는다는 사실을 떠올려 보라. 수많은 컴퓨터가 서로 협업하여 이러한 기적을 일으켜 준 도메인 네임 시스템^{DNS}(인터넷망에서 각각의 단말기가 보유하고 있는 아이피 주소와 도메인 네임을 일대일로 연결하는 시스템) 기술에 우리는 감사해야 한다. 웹 사이트 이름이 네임스페이스^{namespace}(이름과 그에 해당하는 개체를 연결하는 서버의 일종-옮긴이) 서버로 전송되었을 때 해당하는 결과가 없으면, 그 이름은 계속해서 다른 서버, 또 다른 서버로 넘겨지며, 결과가 등장할 때까지 이 과정이 반복된다. 이는 100분의 1초도 걸리지 않는다. 기계도 사람도 서로에게 의지하면, 혼자서는 절대로 하지 못했던 일을 해낼 수 있는 어마어마한 힘이 생긴다. 쇼니족^{Shawnee}(북아메리카의 토착 민족-옮긴이)의 지도자 테쿰세^{Tecumseh}는 이렇게 말했다. "하나의 가지는 부러지지만, 가지 묶음은 강하다."

수학적 세계에서의 상호 의존적 삶은 1970년대 '콘웨이^{Conway}의 인생 게임'이라 불린 간단한 알고리즘으로 표현할 수 있다. '인생 게임'이라는 제목 때문에 콘웨이의 '인생'은 꼬이고 있었다. 이 이름이 1960년대 개발된 더 유명한 가족 보드게임을 떠올리게 했기 때문이다. 그 보드게임은 흑백의 바둑판 모양에서 돌아가는 콘웨이의 게임보다 훨씬 더 재미있다. 게다가 콘웨이의 게임은 재미를 위해 만들어진 것이 아니고, 수학적 게임으로 만들어졌기 때문에 당신이 어느 정도는 수학적 사고를 해야 재미를 느낄 것이다. 다행히도 컴퓨팅 세계로의 여행은 상당 부분 수학을 기반으로 하고 있으므로 당신은 이 보석 같은 게임에 감사하게 될 것이다. 적어도 나는 그러기를 바란다.

콘웨이의 '인생'은 울프럼의 규칙 30과 비슷하지만 2차원으로 구성된 바둑판에서 이루어진다. 수학적 규칙은 4개뿐이다. 각 규칙은 인생의 한 형태가 바둑판 위에서 이웃의 인생과 어떻게 상호 작용하며 살아가는지를 아주 단순화한 시뮬레이션이다.

규칙 1: 살아 있는 칸 근처에 살아 있는 이웃이 하나뿐이라면, 외로움으로 사망한다.

규칙 2: 살아 있는 칸 근처에 살아 있는 이웃이 조금 있다면, 안정적으로 계속 살아갈 것이다.

규칙 3: 살아 있는 칸 근처에 살아 있는 이웃이 너무 많다면, 인구 증가로 사망한다.

규칙 4: 칸이 비었고 근처에 살아 있는 이웃이 조금 있다면, 새롭게 살아 있는 칸이 탄생한다.

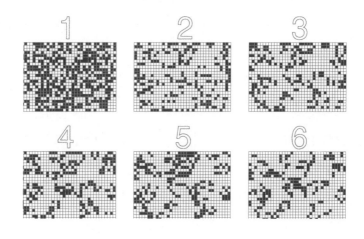

　　검은 바둑돌과 하얀 바둑돌로 책상 위에서 이 규칙들을 손
으로 직접 차근차근 실행해 볼 수 있다. 검은색은 '살아 있는'
것을 의미하고 하얀색은 '죽은' 것을 의미한다. 커다란 바둑판
위에서 두세 번만 하다 보면 상당히 지루하다고 생각할 것이
다. 다행히도 1980년대의 컴퓨터들은 아무리 큰 바둑판이라
도 모두 처리할 정도로 강력해져 있었다. 나는 1980년대 아벨
슨Abelson 교수가 컴퓨터 과학 수업에서 우리에게 처음으로 무
언가를 보여 주려고 아주 들뜬 발걸음으로 들어오던 모습을
아직 기억한다. 그는 검은색과 하얀색의 조그마한 사각형이
깜빡거리는 화면을 보여 주었다. 그리고 천천히 시간이 흐르
면서 몇 가지 단체 행동이 관찰되었다. 작은 집합들은 함께 움
직이기 시작했고, 함께 깜빡이기도 했다. 다른 집합과 부딪치

고 새로운 집합이 탄생하기도 했다. 하지만 나는 흑백의 작은 사각형들이 화면에서 깜빡이는 것보다는, 인생 게임이라는 거창한 이름에 걸맞은 더 대단한 것을 기대했었다. 그래서 그냥 한 귀로 듣고 한 귀로 흘려버리고 말았다.

몇 년이 흐른 후, 나는 이 게임의 의미가 단순함이었다는 것을 깨달았다. 네 개의 규칙만으로 각 칸과 그 이웃들의 개인적인 움직임이 어떤 단체 행동을 일으키는 관계를 맺게 되었다. 콘웨이의 규칙 어디에도 단체로 무언가를 하라는 지시는 없다. 소위 날아다니는 칸들의 집합은 갑자기 자기들끼리 마치 원래 하나의 개체였던 양 움직이기 시작한다. 예상치 못한 결과다.

하나의 칸에만 관여하는 단 네 개의 규칙으로 각 칸은 바둑판의 인접한 칸들과 소통하고, 여러 칸이 주변 환경에 관한 아무런 지식도 없이 집단적으로 움직인다. 마치 서로 의사소통하여 이러한 협력을 이끌어내는 것처럼 보인다.

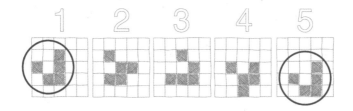

우리가 함께 일할 때, 개인이 혼자서는 가질 수 없는 능력을 얻음으로써 집단적인 이익이 발생한다. 예를 들어, 황제 펭귄은 체온을 유지하기 위해 서로 옹기종기 붙어 서서 가장 따뜻한 가운데 자리와 추운 가장자리의 위치를 바꿔 가며 추위를 견딘다. 그들은 까치발을 들고 서서 차가운 얼음 표면에 닿는 면적을 최소화하여 움직이고, 최대한 그들끼리 서로 닿지 않도록 하여 깃털의 단열 효과가 떨어지는 것을 방지한다. 조류나 어류도 아름답게 무리 지어 서로 협력 관계를 만드는, 이와 비슷한 행동 양상을 보인다.

자연의 목적은 아름다움을 만드는 것이 아니라 '가지 묶음'처럼 무리 지어 행동하면서 생존 능력을 향상하는 것이다. 그리고 인체가 인간의 세포 수보다 열 배도 더 많은 수조 개의 미생물로 이루어졌다는 사실을 고려하면, 우리 스스로가 마치 가장 작은 것들이 모여 돌아가는 커다란 협력 공장처럼 느껴지기도 한다.

우리 몸 안에는 지금도 말하기와 만들기가 계속해서 일어나고 있다. 그것은 컴퓨팅 세계에서도 마찬가지다. 컴퓨터가 서로 대화를 나눌 수 있다는 사실은 그들이 접근할 수 있는 가장 영리한 컴퓨터만큼이나 똑똑하다는 것을 의미한다. 우리 인간이 사용하는 소셜 네트워크 서비스가 이제 우리를 연결하는 것처럼 말이다. 과연 우리는 컴퓨터가 함께 일하는 방법을 배운 것만큼 빠르게 서로 협력하는 방법을 알아내어 서로 대화하고 우리의 집단 지성을 활용할 수 있을까? 아마도 그럴 것이다. 하지만 최소한 서로의 이야기를 들을 준비가 되어야 한다. 컴퓨터가 우리의 말을 완벽하게 알아듣도록 훈련할 수 있다면, 우리 후손들과도 그렇게 할 수 있지 않을까?

5/ 컴퓨터는 인간을 대신할 수 없다

    50년도 더 거슬러 올라가 인공 지능의 탄생을 살펴보면, 원래의 목적은 컴퓨터가 생각을 하도록 만드는 것이었다. '생각'이라고 하면 체스를 두는 것을 말하는데, 왜냐하면 그것이 우리 머저리들이 늘 하는 일이기 때문이다. 컴퓨터 업계는 스스로를 더 진짜처럼 보이게 하기 위해 필사적이고, 체스는 그런 논리적 사고를 표현하기에 적절하다. 컴퓨팅 연구에서 체스에 초점을 맞춘 것은 똑똑한 수학 애호가들의 흥미를 이끈 강력한 채용 공고와 같았다. 하지만 체스 참가자들의 든든한 지원이 있었어도, 인공 지능이라는 새로운 분야를 후원하고 자금을 조달하도록 높은 사람을 설득하는 것은 훨씬 더 도전적인 일이었다.

    궁극적으로, 그들의 마케팅 효과는 우세했고 인공 지능 연구는 1950년대를 시작으로 거의 20년간 번영했다. 하지만 당시 초기의 컴퓨터로 원하는 지능을 얻고자 했던 기대는 1970년대에 들어서 주요 투자자들의 자금 삭감으로 이어졌고 '인공 지능의 겨울'이 찾아왔다. 오늘날 우리는 인공 지능의 여름이 돌아왔다는 사실을 안다. 새로운 인공 지능, 뺑알라르뷔르와 함께 정부와 산업체에서 수십억 달러 규모의 투자를 받고 있기 때문이다.

이 책을 쓰면서 컴퓨터의 역사를 다시 훑다 보니, 내가 1984년 MIT에 갓 도착했을 때를 떠올리지 않을 수 없었다. 같은 해에 애플의 매킨토시^Macintosh가 탄생했다. 그 해는 수십억 달러의 인공 지능 산업이 막 시작되며 인공 지능의 겨울이 무너지던 바로 그 순간과 일치했고, 곧바로 연구 자금의 부족으로 이어질 것이 분명했다. 이는 내가 MIT 인공 지능 연구실에서 학부생으로 일하던 시절 다른 친구들이 나를 마치 경마장에서 턱없는 말에 돈을 건 사람을 보듯 한 이유를 설명하는 데 도움이 됐다.

당시만 해도 컴퓨팅 기술이 그다지 의미 있는 발전을 이루어내지 못했기 때문에, 인공 지능에 베팅하는 것은 슬롯머신에 동전을 넣는 것과 같은 행위였다. 인공 지능이라고는 없는 워드 프로세서가 투박한 타자기를 대신해 책상에 올라온 덕분에 작업 생산성이 증가한 기쁨에 비하면, 컴퓨터가 체스 게임에서 인간을 이기도록 하는 것은 별로 중요해 보이지 않았다.

어쨌든 오늘날 인공 지능은 실리콘 밸리에서 들리는 모든 대화의 주제가 되었다. 실리콘 밸리는 모든 산업에 걸친 비즈니스뿐만 아니라 정치적 영역에서까지 지능적인 기계들을 고려하는 곳이다. 인공 지능이 발전하는 속도를 보면, 금융계 용어인 '워런 버핏 규칙Warren Buffett rule'이 떠오른다. 이는 워런 버핏의 투자 성공 핵심 요소인 복리 이자를 말하는 것이다. 복리 이자의 규칙은 더 많이 저금하면 시간이 지날수록 이자를 더 많이 얻게 된다는 아주 간단한 아이디어다.

이자율이 낮아 적은 금액만을 받게 되더라도 그 금액을 다시 저금하면 이자는 점점 늘어나게 된다. 1년 동안 은행에 예치해 얻은 몇 푼의 이자는 별로 중요치 않게 느껴지겠지만, 복리 이자로 수십 년을 보내면 동전이 지폐가 된다. 1센트를 연이율 1퍼센트인 예금에 50년간 예치하면, 총 2센트가 될 것이다. 5퍼센트라면 11센트가 된다. 10퍼센트라면 1달러 17센트가 된다. 하지만 무어의 법칙 은행에서는 못해도 66.66퍼센트 이자를 쳐주니, 1센트를 50년 동안 가지고 있으면 10억 달러가 넘는, 12억 3,472만 1,113달러 27센트가 된다.

이제 막 컴퓨터의 영역에 진입한 당신은 최소한 지수적 성장의 개념 정도는 조심스레 믿고 있을 것이다. 하지만 컴퓨터 산업 종사자들은 특별하고도 보이지 않는 복리 이자 같은 현상을 컴퓨터로 일하고 생각할 때 항상 경험한다. 그들에게 공상 과학 소설은 단지 공상이 아니며, 그럴듯한 현실을 그려 내는 가장 논리적인 수단이다. 1990년대 초반 공상 과학 소설 작가이자 컴퓨터 과학자인 버너 빈지Vernor Vinge는 논문의 개요를 다음과 같이 시작했다. "30년 안에 우리는 인간을 뛰어넘는 지능을 기술적으로 구현해 낼 것이다. 그리고 곧 인간의 시대는 끝날 것이다."

컴퓨터를 잘 모르는 사람들에게는 그냥 한 귀로 흘려버릴 말일 수도 있겠지만, 무어의 법칙을 믿는 사람들에게는 상당히 근거 있는 말로 들릴 것이다. 빈지는 '인간의 지능을 뛰어넘는 개체들의 기술로 창작이 임박한' 순간을 묘사하는 '특이점Singularity'이라는 용어를 만들었다.

몇 년 후 빈지의 논문이 게재되었고, 또 다른 유명 발명가이자 과학자인 레이 커즈와일Ray Kurzweil은 특이점을 주제로 672쪽에 달하는 책을 써서 미래에 어떤 일이 일어날지를 예측했다. 커즈와일은 이 책에서 2015년에는 컴퓨터가 쥐의 지능을 넘어서고, 2023년에는 인간의 지능을 능가할 것이라 예언했다. 나아가 2045년에는 지구에 사는 전체 인류를 다 합친 것보다 컴퓨터의 능력이 더 뛰어날 것이라고 했다.

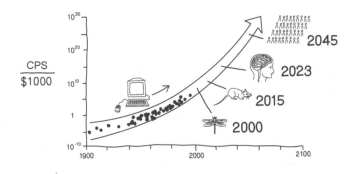

특이점 문제는 컴퓨팅의 세계와 거리가 먼 사람들에게 그저 공상 과학 소설처럼 느껴질 것이 뻔하다. 하지만 인공 지능 분야를 개척해나가는 MIT 교수 고(故) 마빈 민스키Marvin Minsky는 상상력을 자극하는 공상 과학 소설을 일반 소설보다 선호했고, 그와 비슷한 사람들에게도 특이점이라는 것은 곧 닥쳐올 수 있는 또 다른 하나의 아이디어였다. 지난 수십 년간 컴퓨터 기술의 지수적 성장을 봤을 때 특이점은 그저 억지로 갖다 붙인 이야기가 아니다. 기계가 결국에는 우리를 앞지르게 될 임박한 미래를 연구하고자 특이점이라는 이름을 붙인 대학교까지 생겼다. 싱귤래리티대학Singularity University은 커즈와일이 실리콘 밸리에 설립한 학교다. 커즈와일의 예언대로 2015년에 실제로 쥐의 지능을 슈퍼컴퓨터에서 구현한 연구 결과를 보면, 2023년에는 무슨 일이 일어날지 궁금해질 수밖

에 없다.

이미 당신은 주변의 컴퓨팅 기술이 10년 전과는 달라졌다는 것을 느낄 것이다. 이것은 뺑오르방과 뺑알라르뷔르의 차이와 같지만, 컴퓨터 냄새가 나던 인공 지능에서 컴퓨터 냄새가 전혀 나지 않는 인공 지능으로 우리가 만들어 낸 양자도약을 눈치채지는 못했을 것이다. 클라우드에서는 컴퓨팅 루프 수백만 개가 무한대의 규모에서 극도로 미세하게 돌아가는데도 느려지거나 지치지 않으며 그 힘과 능력이 복합적으로 증가했다.

시스템은 더 이상 차갑고 계산적인 금속 덩어리가 아니다. 기술 산업과 투자 세계는 예술을 관찰하고, 인간과 주변 환경을 깊게 이해하기 때문에 이토록 웅장하고 강력한 시스템의 성장을 열심히 지원해 왔다. 우리는 결국 눈을 깜빡이고, 미소 짓고, 모델처럼 걷고, 확실하지 않을 때는 '음,'을 붙이고, 심지어 우리의 관심을 끌려고 추파를 던지며 사람을 흉내 내는 기계를 만나게 될 것이다. 그들은 계속해서 더 나아지고자 노력하며 모든 순간 당신의 정보를 취득하여 쌓은 지식을 바탕으로 행동하기 때문에 우리는 그들을 좋아하지 않을 수 없다.

컴퓨팅 기기는 우리의 행동을 따라하고 서로 협력하는 것에 탁월하며, 큰 규모와 작은 규모 모두에 뛰어나다. 당신이 만약 회사 사장이라면 바로 이렇게 외치고 싶을 것이다. '자네를 고용하겠네!' 하지만 바로 뒤에 이렇게 물어보고 싶을 것이다. '그런데 자네, 나중에 내 자리를 꿰차려고 하지는 않겠지?' 후자의 고민을 해결하기 위해서 좋은 사장님은 조직이 사장보다 더 빨리 성장하도록 희생정신을 가져야 한다는 사실을 명심해야 한다. 그래서 당신이 바로 그 좋은 사장님이라면 '네, 꿰찰 겁니다.'라는 대답을 원해야 한다. 덧붙여, 항상 자신의 한계를 뛰어넘는 성장을 한다면 그저 소모품으로 취급당하지는 않을 것이다.

이것이 바로 우리를 복제하기 어려운 이유다. 인간은 계속 변화하기 때문이다. 함께 일하는 젊은이들처럼 대담해지기 위해 최선을 다하라. 그리고 그들과 같은 열정으로 미지의 것에 뛰어들기를 두려워하지 마라. 당신 앞에 놓인 도전의 크기를 인지하고 용기를 내서 경험하라. 나의 스승인 고(故) 윌리엄 미첼William J. Mitchell이 "그냥 날려 버려. 끝내 버리자고!"라고 종종 말했던 것처럼. 전사는 걱정하지 않는다. 피하지 말고 도전에 맞서라.

나는 내 인생 대부분이 기계의 언어를 구사하는 세계와 깊게 연관된 것을 행운이라고 생각한다. 다음 세 개 챕터에서 함께 다룰 아이디어를 생각해 볼 기회 덕분에 나는 내 안의 깨어 있음을 느낀다. 오늘날 나는 새로운 제품과 서비스 디자인에서의 컴퓨터의 영향을 다시 생각하는 것이 필수적이라 느낀다. 우리는 인간의 미래에 돌이킬 수 없는 영향을 주는 전환점에 와 있기 때문이다. 지금 우리는 기계의 언어를 모르는 사람들에게 완전히 불공평한 방식으로 특이점에 도달하는 과정을 거치고 있다. 이런 진행 속도로 컴퓨터를 아는 소수의 사람이 컴퓨터를 잘 모르는 사람들을 지배하게 되면, 우리는 몇몇 유능한 제작자가 만들어 놓은 함정에 영원히 빠져 버릴 것이다.

지금이 바로 '퐁당' 빠지기 전의 마지막 기회다. 연못 전체는 수련 잎으로 덮여 버렸다. 그렇다면 이제 루프, 확장 등을 사용하여 더 살아 있는 것처럼 움직이는 컴퓨터 기기에서 생성된 제품들을 살펴보자. 구글, 애플, 페이스북, 아마존, 마이크로소프트, 알리바바와 같은 회사들은 오랜 기간 이 위치에 있었고 지금은 더 크게 앞서 나갔다. 당신은 그냥 대담하기만 한 것이 아니라 용기를 내고 있다. 이제 컴퓨터 제품들이 어떻게 근본적으로 다른지, 그리고 당신과 같이 새로 온 사람의 관점을 필요로 하는지 알아보자. 미래에 필요해질 최대한의 표현과 생각의 다양성을 확실하게 하기 위한 본인만의 빵오르방과 빵알라르뷔르를 굽기를 바란다. 아직 특이점은 오지 않았다. 빵을 구우러 가자!

법칙 4

디지털 제품은
불완전하다

1/ 유행을 타지 않는 디자인보다 시기적절한 디자인이 더 중요하다

소프트웨어 개발자들이 쓰는 이상한 용어가 있다. 그들과 오랫동안 어울리다 보면 왜 스포츠 의류는 입지도 않으면서 '애자일Agile(민첩한)'이라는 단어를 밥 먹듯이 쓰는지 궁금해질 것이다. '린Lean'이나 '스크럼Scrum'은 또 어떤가? 공포 영화 제목도 아니고 말이다. 이 용어들은 모두 제품을 완벽하게 만들어 제공하는 것이 아니라 가능한 많은 교정이 필요한, 불완전한 상태로 제품을 제공하는 컴퓨팅 철학을 의미한다.

이는 비교적 새로운 접근이다. 전통적인 소프트웨어 제품 개발은 '폭포수waterfall' 모델이라 불리는 개발 기법으로 이루어져 있다. 이것은 마치 절벽에서 물이 쏟아지는 것처럼 높은 곳에서부터 순차적으로 단계를 밟아나가 완성에 이르는 방법론이다. 폭포수 모델은 제품의 요구 사항에 따라 설계하고, 구현하고, 테스트하고, 유지 보수하는 일련의 과정을 포함한 선형 프로세스를 뜻한다. 자동차처럼 물리적인 제품을 만들 때도 이 같은 과정을 밟는다. 하지만 생산 후 판매되고 난 후에는 제품 리콜을 하지 않는 이상 수정할 수 없다. 제품 리콜은 회사의 명성에 치명적이고 상당히 번거롭기도 하다. 그래서 폭포수 모델로 몇 년씩이나 걸려 제품을 완성시켰는데 우스꽝스러운 결과물이 나올 때도 종종 있다. 자동차 산업에 종사하던 디자이너가 해 준 이야기인데, 대형 자동차 회사 중 하나가 미래의 자동차는 모두 팩스 기기를 탑재할 것이라 예상했다고 한다. 그래서 차량 내부 인테리어에 특별한 공간 하나를 만들어 두었다. 그러나 몇 년 후 자동차가 완성되었을 때, 팩스 기기는 기대했던 것만큼 생활필수품이 되지 못했고 자동차에는 커다란 공간이 목적 없이 덩그러니 남겨졌다고 한다.

과거에는 물론 지금도 공장 설비는 각 제품 생산 시 발생하는 추가적인 비용이나 한계 비용을 줄이기 위한 목적 하나로 디자인된다. 경제적 이익을 극대화하고 제품당 이익을 높이기 위한 것이다. 디지털 제품을 출시하는 것은 한때 '한계 비용이 0에 가까운' 신화적인 비즈니스로 각광받았다. 이것은 아주 특별한 기회인데, 왜냐하면 디지털 제품을 개발하고 수백 수천 개를 복제해 배포해도 손해 볼 일이 없다는 뜻이기 때문이다. 게다가 재고를 옮기고 물류를 관리하는 일, 그리고 그에 관련된 모든 비용을 고민하지 않아도 된다. 전통적인 제조 산업을 배경으로 한 사람들에게 그런 알짜배기 비즈니스가 존재한다는 것 자체가 상당한 개념의 확장이다. 하지만 이제 컴퓨팅이 물리 법칙을 무시하는 원료라는 사실을 안 이상, 이러한 사업도 어렵지만은 않다. 이제는 현존하는 비즈니스 법칙들을 무시하는 것이 쉽고 논리적인 일로 느껴져야 한다.

컴퓨터 제품의 이러한 특성은 제품 생산과 배포 비용에서 경제적으로 유리할 뿐 아니라 완성된 제품을 판매하지 않음으로써 제품 개발 비용이 상당히 낮아진다는 것을 뜻한다. 당신은 디지털을 통해 제품을 항상 새롭고 진보된 제품으로 '교환'할 수 있고, 완성된 제품에 투자하는 모든 경제적 위험을 제거할 수 있다. 게다가 제작자들은 사용자들이 이 제품을 어떻게 사용하는지 원격으로 관찰하여 최종 사용자에게 가장 좋은 방향으로 제품의 설계를 수정할 수도 있다.

순수한 컴퓨팅의 세계에서는 변경 사항이 너무 빨리 적용되어 그런 일이 일어났는지도 인지하지 못할 정도다. 컴퓨터 시대에 이러한 속도가 결국 품질의 기준이 되는 요소라는 점은 놀랄 일이 아니다. 얼마나 빨리 새로운 기능을 받아보고 얼마나 빨리 사용할 수 있게 되느냐가 '좋은' 제품을 결정한다. 특히나 무어의 법칙을 생각해 보면, 우리는 모든 디지털 제품이 1

년 전과 비교해 같은 가격에 최소한 두 배는 빠르기를 기대한다. 어떤 날이든 당신이 직접 '다음 버전'의 소프트웨어로 업그레이드 하거나, 자고 일어났더니 간밤에 무언가 달라진 새로운 버전의 시스템이 설치되어 있던 것을 생각해 보라. 자주 사용하는 컴퓨팅 제품들은 매일 발전하지만, 당신은 그 발전을 눈치채지 못했을 가능성이 크다. 많은 점진적인 변화가 시간이 지나며 복합적으로 발전했기 때문이다.

이러한 변화를 가장 잘 설명하는 비유를 찾는다면, 일단 하늘에 떠다니는 구름을 바라보라. 그렇다. 이것은 모두 클라우드와의 끊임없는 연결로 가능해진다. 모든 네트워크 기기는 어느 곳에나 데이터가 존재하고, 지워지고, 수정되고, 동기화되는 것을 가능하게 하는 클라우드에 지속적으로 연결함으로써 덕을 보았다. 그리고 클라우드는 새로운 종류의 민첩함으로 디지털 제품의 제작, 배송, 개선 속도를 올렸다. 또한, 클라우드와 그에 연결된 모든 컴퓨팅 기기는 항상 변할 수 있고 새로 고침이 될 준비가 되어있다. 그러므로 뉴욕 현대 미술관에 영구 소장될 가치가 있을 만큼 완벽한 '마지막' 버전으로 제품을 만들어 내는 데는 전혀 관심이 없다. 클라우드는 시대를 초월한 디자인을 추구하는 것을 무의미하게 만든 대신, 시기적절한 디자인을 더 중요하게 만들었다. 실시간으로 진화하고 절대 멈추지 않는 것, 그리고 쓸모없는 상태에서도 언제나 둘도 없는 기쁨과 만족을 추구하는 것 역시 중요하다.

이것은 '계획된 노후화'의 형태로 보일 수 있다. 대공황 이후 GM에 의해 유명해진 이 비즈니스 철학은 소비자들이 그들의 자동차를 한물갔다고, 더 이상 매력적이지 않다고 느끼게 하도록 노력했다. 고객의 불안정성을 노리는 이런 전략은 '검은색이기만 하다면'을 내세웠다. 모든 자동차를 검은 색으로 제공하여 오래 지속되는 가치를 추구하겠다는 헨리 포드^{Henry Ford}의 약속에서 보이는 보편적인 지혜와는 상반된다.

하지만 GM의 사업 지향적인 접근^{business-oriented approach}은 포드의 엔지니어 양심 지향적인 접근^{honest-engineer approach}에 비해 확실히 좋은 성과를 거두었다. 이후 계획된 노후화는 소비자들이 기존의 물건을 더 빨리 버리고 새것, 더 나은 것으로 교체하도록 부추겼다는 이유로 환경론자들이 내세우는 자본주의의 폐해의 예시가 됐다. 하지만 자동차의 계획된 노후화와 다른 소프트웨어의 특성이 있다. 본질적으로 컴퓨터와 관련된 것은 한 번만 업데이트되면 기존의 것은 이내 '구식'이 되어 버리고, 환경에 미치는 영향은 거의 없이 새롭고 더 나은 버전으로 바뀐다. 사실 실리콘 밸리 스타일로 기대해 보자면, 당신이 자고 있거나 소프트웨어를 사용하고 있을 때 소프트웨어가 업그레이드되고 개선되어야 한다.

방금 다룬 애플 및 다른 회사들의 전략은 꽤나 교활한 면이 있다. 소프트웨어를 의도적으로 서서히 향상시키고, 따라서 기능을 제대로 작동시키려면 하드웨어 업그레이드가 필요하도록 만든다. 당신이 멋지고 새로운 기능을 놓치지 않으려 할수록 더 많은 메모리나 더 빠른 처리 능력이 필요하므로, 기기는 느리게 작동할 것이다. 애플은 오랫동안 이 놀이를 할 수 있는 유일한 회사였지만, 구글도 픽셀^{Pixel} 하드웨어 플랫폼으로 애플을 따라잡고 있다. 기술 기업이 소프트웨어와 하드웨어 둘 다를 보유할 때, 자동차 회사들은 꿈꾸지도 못할 만큼 훨씬 효율적으로 사용자들을 최신 버전과 모델에 매료시킨다. 아마 당신은 월급날마다 기다렸다는 듯 돈을 갖다 바치게 될 것이다.

2/ 디자인의 성지는 잊어라

    만약 디자인이 다분히 의도적이라면, 우리는 그 의도를 파악하는 능력을 바꿔야 한다. 하지만 문제는 디자인의 전통적인 세계는 클라우드가 아니라 당신의 아름다운 거실에 있다는 것이다. 할머니가 물려주신 앤티크 의자, 결혼 선물로 받은 스웨덴 접시, 당신이 족히 몇 달은 고심해서 산 알루미늄 테이블 위에 고이 모신 프랑스 가죽 케이스, 이제 야요이 쿠사마^{Yayoi} ^{Kusama}의 물방울무늬가 유행할 테니 지금 입고 있는 줄무늬 옷은 불태워 버리라고 하는, 할머니가 주신 의자에서 휙휙 넘겨보는 패션 잡지 같은 것들 말이다. 이것은 클라우드와는 아무 관련이 없지만 우리가 가장 사랑하는 디자인이다. 박물관과 미술관은 이런 물건과 경험, 그리고 주관적인 설명문으로 가득 차 있다. 설명문은 디자인의 성지를 숭배하며 쓰인 것이다.

    디자인의 성지란 실제 장소가 아니고, 위대한 디자인이 무엇인지를 아는 표준 같은 것이다. 조금 잔인하지만 구체적인 용어로 표현하자면, 박물관, 미술관, 패션과 미용 산업, 국제 미술 교육 기관이 합심하여 위대한 디자인이란 무엇인지 법령으로 정하는 카르텔cartel(기업 연합-옮긴이)같은 것이다. 그들이 위대하다고 하면 그냥 위대한 것이다. 만약 그것이 위대하다고 말하지 못한다면, 미안하지만 당신은 디자이너가 아니다. 과거에 나는 디자인을 이해하기 위해 노력하다 보니, 갓 MIT 학위를 받았는데도 내가 디자이너가 아니라는 결론에 사로잡히고 말았다. 그래서 나는 디자인의 성지를 찾고자 예술 학교에 진학하여 학위를 땄고, 나중에는 그중 하나를 운영하는 지경에 이르렀다.

당신이 시간을 낭비하지 않도록 디자인의 성지의 공식 회원이 되기 위한 두 가지 조건을 바로 알려주겠다. 1) 예술과 디자인의 역사를 이해해야 하고 2) 디자이너처럼 생각하고 일해야 한다. 전자는 책을 많이 읽고 박물관과 도서관을 자주 방문해 수천 시간을 투자하면 이룰 수 있다. 고통 없는 즐거운 과정이다. 심지어 요즘에는 디자인 박물관도 스마트폰을 이용해 방문할 수 있기 때문에 과거에 비하면 훨씬 쉽다. 아마 나보다 더 빨리 이룰 것이다. 나는 츠쿠바대학Tsukuba University의 도서관에 4년 동안 처박혀 예술과 디자인을 공부했다. 내 손 안의 작은 구글이 있었더라면 얼마 걸리지도 않았을 텐데!

디자이너처럼 생각하고 일해야 한다는 두 번째 조건은 디자이너의 역사를 구글링하는 것보다 훨씬 어렵다. 하지만 바우하우스^Bauhaus 예술학교의 가나다를 알면 최소한 예술계에 발은 디딜 수 있을 테니, 투자를 시작하는 것도 가치 있는 일이다. 그러나 실제로 디자이너가 되려면 당신의 손으로 직접 디자인 몇 개 정도는 해야 한다. 경력 있는 디자이너가 당신이 만든 것을 봐주기 전까지는 끔찍한 것들을 만들어 내고서도 알아채지 못할 확률이 높다. 디자인에 최소한으로 필요한 기본을 배우는 것은 수십 시간 정도면 되지만, 실력이 늘어 돈을 받고 일하는 프로 디자이너가 되기 위해서는 흔히들 말하는 1만 시간의 연습과 훈련으로 기름칠을 해야 한다.

디자인 훈련소를 통해 성공한 사람으로서, 시장에는 당신이 해결하기로 선택한 문제나 해결책에 접근하는 방식과 관련 있는 세 종류의 디자인 형태가 존재한다고 말할 수 있다.

1. **유행 안 함** : 너무 늦었다는 것을 의미한다. 군중은 떠나고 없다. 당신은 집중하지 않았고 모두 지나가 버렸다. 처음에는 현실에서 도피하겠지만, 스스로 강한 신념이 있다면 역경을 이겨낼 수 있다.

2. **유행함** : 시기적절하다는 뜻이다. 무난하게 주류에 안착

했다. 어떤 요소가 그 순간의 유행을 정의했는지 분석하여 자리매김해야 한다. 집단에 소속되었으니 지금은 안도해도 좋다. 하지만 곧 다가올 파도를 조심해야 한다. 늘경계하라.

3. **유행 만듦** : 선봉에 있다는 뜻이다. 소수의 사람들이 한발 앞에 서서 다수에 맞서며, 이미 유명한 것들을 부정한다. 유행을 만들어 가는 사람들이 결국 '유행함'에 안착할 것이라는 보장은 없다. 눈에 띄어 질책을 받을 배짱이 있다는 것은, 아주 멋지다는 뜻이기도 하다.

유행을 만들어 가는 사람들은 디자인의 성지의 정식 회원이다. 디자인의 성지는 잘 짜인 조직과 영웅들이 함께 하는 편안한 장소이자, 다른 사람들은 미처 가지지 못한 것을 가진 힘으로 가치를 정의하는, 부유하고 혜택받은 사람들의 세상이다. 이는 과거에 왕족을 평민과 구별하던 전통적인 방식과도 같다. 미국의 온라인 쇼핑몰 '손닿는 디자인Design Within Reach'을 두고 사람들이 '손 안 닿는 디자인Design Without Reach'이라 농담을 하는 것도 우연은 아니다. 디자인의 성지는 인플루언서들의 의견으로 건설된 불공평한 혜택의 세계이며, 그 화려하고 요란스러운 외형 덕분에 내부에서는 매우 중요한 것처럼 보일 수 있다. 물론, 나는 당신이 상상할 수 있는 모든 이유로 그곳에 속하고 싶다. 하지만 나에게는 그곳이 컴퓨팅 시대와는 동떨어졌다는 점을 지적할 책임이 있다.

오랫동안 디자인의 성지는 유행을 만드는 것이 무엇인지 말할 수 있었다. 무언가를 제조하는 것은 항상 자본 집약적인 작업이었기 때문이다. 무엇을 제작할 것인지는 지식과 네트워크에 달려 있고 이는 유행을 선도하는 계층이 관리한다. 하지만 소수의 특권층에 의한 지배에 이렇게 의존하는 것은 합리적 사고를 지닌 디자인의 성지에 입성하지 못한 자들의 데이터 수집과 비공식적 네트워크로부터 오랫동안 공격을 받아 왔다. 그리고 금융 및 영향력(인적, 물리적) 자본은 지금은 누구나 이용 가능한 컴퓨터의 능력과 함께 실리콘 밸리를 가능하게 했다. 이는 전자 기기로 배송되는 제품이라면 이성적인 것이 우세하고 품질 디자인은 대단히 저렴한 가격에 이루어진다는 것을 뜻한다.

당신은 언제든 최신, 최고의 컴퓨팅 제품 디자인으로 무장할 수 있기 때문에 우리는 '유행에 뒤처질' 수 없고 항상 '유행하는' 세상에 살고 있다. 이제 당신이 이 제품의 디자인에 결정적인 도움을 줄 차례다. 그리고 기술의 성지가 무어의 법칙의 속도로 성장하기 때문에, 디자인의 성지에서 나오는 말이나 행동도 실제로 오늘날 컴퓨팅 제품에 일어나는 일에 영향을 주지 못한다.

　바우하우스 학교의 교육 철학은 산업 혁명, 즉 공장에서 기계를 이용해 제품을 개발하는 신기술에 답하여 만들어졌다. 저렴한 가전은 결국 대중을 위해 생산되었지만, 사용하기가 어렵거나 소비자가 생활하는 공간의 인테리어에 잘 맞지 않곤 했다. 1900년대 초반 바우하우스의 교육 프로그램은 사용할 수 있고, 바람직하고, 적당한 가격의 제품을 만드는 훌륭한 방법을 소개했다. 하지만 그 결과물들은 당장 인기를 얻지는 못했다. 그런 이유로 오스트리아 작가이자 허무주의 예술가인 라울 하우스만Raoul Hausmann의 다음 글귀는 이러한 급변화의 시작과 특별한 관련이 있다.

　새로운 인간은 새로워질 용기가 필요하다.

　1세기가 지나 구식이 된 바우하우스 방법론은 컴퓨터의 힘을 통해 진행 중인 새로운 산업 혁명에 알맞은 새로운 방법을 제시해야 한다. 지금 당신처럼 기계의 언어를 말하는 데 도전하기 위해 스스로를 단련할 새로운 용기 또한 필요하다. 이 세기 새로운 바우하우스의 회원은 바로 당신이다.

　컴퓨팅 제품은 월, 일, 초 단위로 아주 빠른 일정에 따라 아주 조그마한 것이라도 꾸준히 개선한다. 영원히 완벽하게 남을 것이라 생각해, 바뀌지 않도록 제작된 제품을 유지 보수하는 것보다는 제품이 얼마나 자주 바뀌는지가 품질의 기준이 되었기 때문이다. 이는 디자인의 성지에서 발전을 위해 수십 년 동안 힘쓴 전통, 즉 '완성된' 작품이 영원히 숭배받는 역사의 종말을 뜻한다. 대신 오늘날 우리는 클라우드를 포함하여 컴퓨팅 능력을 기반으로 한 실시간 현실에 살고 있고, 이는 디자인의 성지의 금빛 표면에 그늘을 드리웠다. 우리는 디자인이 완벽을 추구해야 한다는 전통적인 생각을 본질적으로 포기해야 한다.

품질의 새로운 정의는 디자인의 성지에서 말하는 정의와는 반대다. 디자인의 성지에서는 완성된 제품을 위해 공들여 만들어야 품질이 좋다고 말한다. 반면 기술의 성지에서 떠오른 품질의 새로운 정의는 완성되지 않은 제품이 세상이라는 야생에 내던져져 살아남는 방법을 관찰하며 수정하는 것이다. 디자인의 성지에서 배출한 유명 디자이너에 거액의 돈을 투자해 영웅으로 만들고 화려한 데뷔를 시켜주는 것과는 반대다. 대신 능력 있는 얼간이들을 모아 외계인 같은 새로운 특성을 지닌 재료들로 이익을 취해 비즈니스를 만들어 낸다. '린(낭비를 없애고 완벽보다는 실험을 선호)'하고 '애자일(고객의 변화하는 요구 사항에 유연하게 대응)'한 태도를 위해서는 엄청난 변화가 필요하다. 덜 기술적인 용어로 품질을 말하자면, 전혀 대단하지 않은 일을 점진적으로 시행하는 태도를 자랑스럽게 포용하며, 빅토리아 앤 알버트 박물관^{Victoria and Albert Museum} (영국의 대표적인 디자인 및 공예 박물관)에는 절대 전시할 수 없는 제품을 만드는 끝없는 여행을 떠나는 것이다. 그러니 하우스만의 말을 가슴에 새기고 새롭게 변할 용기를 갖자!

3/ 완벽보다 이해를 추구하자

 디지털 제품 디자이너로서 매일 아침 스스로에게 눈을 좀 낮추자고 하는 것은 하루를 시작하기에 좀 이상한 방법이다. 당신은 런던, 파리, 뉴욕에서 최신 예술이나 디자인 전시를 찾 아다니며 배운 것들을 그리지 않을 현실을 받아들이고, 대신 MVP Minimum Viable Products(최소 실행 가능 제품)의 세상에 출석 도 장을 찍어야 한다. MVP 제작자가 되려면 정교하고 대단한 아 이디어를 뼈만 추려서 원래의 그림을 닮은 축약한 형태로 만 들 줄 알아야 한다. 저렴한 원형을 가지고 적절한 것을 만드는 것이 목표다. 다만 자존심 센 완벽주의자라면 그것을 대중에게 보여주기가 꺼려질 수도 있다. 하지만 어떤 아이디어의 초기 단계에서 무엇이 아름답고 적절한지를 발견해 내고, 사람들이 그 아이디어에 대해서 뭐라고 생각하는지 최소한의 형태로 알 아내는 아주 중요한 일을 한다고 생각하라.

 '어떻게 완성되지도 않은 작품을 허리 숙여가며 보여줄 수 있을까?'라고 궁금해할지도 모르겠다. 디자인의 성지에 속한 사람에게 당신이 만든 것은 똥이라고 평가당해, 얼굴을 붉히게 되는 것은 세상에서 가장 싫은 일일 수도 있다. 하지만 완벽하지 않은 제품을 사람들과 나누는 것의 미학은 그것을 당신 같지 않은 사람들과 나눈다는 데 있다. 네트워크 연결의 장점을 살려 소프트웨어가 전 세계 어느 기계로든 향할 수 있다는 사실 덕분에 이것이 가능해진다. 우리는 제품을 클라우드에 올리기만 하면 된다. 그러면 누구나 어디서든 접근할 수 있다.

이 클라우드는 당신의 제품을 저장하기만 하는 것이 아니라, 잠깐 맛만 보고 싶은 사람들에게 바로 제공해주기도 한다. 모든 사람이 접근 가능하다는 장점은 당신의 창작물에 대해 사람들이 뭐라고 생각하는지를 알려준다. 회사 구내식당의 눈에 띄는 장소에 피드백 상자를 둔다고 생각해 보라. 새로운 경영 계획을 사람들이 어떻게 받아들이는지 정도는 알아볼 수 있다. 이와 유사하게, 당신이 만든 무언가에 피드백 양식을 붙여 인터넷상에 올려두면, 사람들이 당신의 MVP에 관해 무슨 생각을 하는지 알 기회를 얻는다. 전 세계에서 오는 피드백을 바로 모아올 수 있기 때문에 더 이상 추측할 필요가 없다.

내가 '불완전한 것을 제공하고 사람들의 말을 듣자'는 접근을 마음에 새기게 된 계기 중 하나는 콘퍼런스에서 발표를 할 때였다. 나는 TED 발표를 준비하면서 아주 세심한 디테일까지 챙기느라 엄청난 시간을 썼던 기억이 난다. 하지만 어느 순간부터는 이와 반대로 전혀 준비를 하지 않은 채 올라가게 되었다.

나는 50장 남짓 공들여 만든 슬라이드 대신, 나는 내 전화번호를 화면에 띄우고 나에게 묻고 싶은 어떤 질문이든 문자로 보내라고 청중에게 말한다. 그렇게 함으로써 내가 청중이 원하는 것을 안다고 믿는 편견을 깨버릴 수 있다. 그리고 그들이 원하는 바를 최대한 추측해서 말하는 대신 원하는 것을 정확히 말해줄 수 있다. 내가 실리콘 밸리 문화에 엮이지 않았다면 그런 방식의 발표를 시작하지는 않았을 것이다. 미학에 관한 일본의 유명 에세이 《그림자를 찬양하며In Praise of Shadows》를 심미적 포부로 마음에 새기는 데 덧붙여, '불완전을 찬양하며'라는 책 한 권을 내 마음속 한편에 간직해 본다.

완성되지 않은 불완전한 제품의 미학은 나중에 언제든지 그것을 다시 향상시킬 수 있다는 것이다. 지금 당장, 아니 미래에도 끝맺을 필요가 전혀 없다. 인터넷을 떠올려 보라. 인터넷이 완성되었는가? 전혀 아니다. 인터넷은 새로운 기술과 진보로 거의 매일 계속해서 진화한다. 80년대와 90년대 사이에 디지털 디자인이 출력물에서 인터넷으로 옮겨가고 새로운 형식의 그래픽 디자인 직종인 웹 사이트 제작자가 생겨난 것을 생각해 보라. 포스터나 책을 결과물로 완성하는 것과 달리 웹 사이트는 디자인하여 제공되었다고 끝난 것이 아니다. 무어의 법칙이 진행되는 이상, 항상 수정 및 확장이 필요하다. 이는 완벽한 상태로 제공되어야 한다는 시각 디자인의 원리를 근본적으로 바꾸어 버렸다. 그것은 흡사 최종 시안이 출력된 종이가 출판되는 순간에 훼손되는 것과 같았다.

지금까지 디자인의 성지에서 추구해 온 높은 표준을 무너뜨렸다는 이유로 자연스럽게 디자인의 성지는 웹 디자인을 강하게 비판했다. 왜 박물관에는 웹 사이트가 전시되지 않을까? 이유는 단순하다. 기술은 계속해서 흐르지만, 예술과 디자인 전문가들은 멈추기만을 기다리기 때문이다. 어떤 유행이든 언젠가는 끝나게 되어있고, 이 컴퓨터 어쩌고 하는 것들도 다음 세대로 교체되리라 생각하는 전통주의자들도 모두 같은 마음이다. 기계의 언어를 모르는 이들에게 이런 생각과 희망은 모두 자연스러운 일이다. 분명 그 사람들의 잘못은 아니다. 하지만 이 세상에는 디자인의 성지에서도 건강한 기계의 언어를 구사하는 선구자가 있다. 예를 들어, 큐레이터 파올라 안토넬리Paola Antonelli는 뉴욕 현대 미술관의 영구 소장물로 비디오 게임을 수집했고, 뉴욕의 뉴 뮤지엄New Museum에 기반을 둔 작품

컬렉션 리좀^{Rhizome}은 웹코더^{Webcorder}라 불리는 개방형 디지털 소장 솔루션을 제공하기 위해 노력했다. 이는 제법 진행되어 출시를 앞두고 있다.

최근 기술 발전으로 인해, 무엇이 불완전한지 이해하고 고객의 요구를 실시간으로 반영하여 완성도를 높일 독특한 기회가 컴퓨터 디자이너들에게 주어진 것은 행운이다. 따라서 새로운 유형의 제품 디자이너는 그들의 작품이 역사책에 실리거나 일류 박물관 컬렉션의 아름다운 의자 옆에 전시되지는 않는다는 사실에 익숙해져야 한다. 그들은 열악한 기상 상황에서의 계기판의 가독성에 관한 우려를 들은 다음 날 연결된 모든 자동차의 속도계에 변경 사항을 적용하는 것에 열광하는 사람들이다.

과거에는 문제의 답을 정확히 알고, '해결했습니다'라고 말하고는 사라지는 사람을 바랐다. 하지만 지금은 완벽한 제품을 갖기보다는 제품을 완벽히 이해하기를 바란다. 단거리보다는 마라톤을 뛰는 사람처럼 기꺼이 조정하고 개선하려는 의지가 있는 사람이라면, 이것이 결국에는 실제로 시간을 초월한 디자인이라는 사실을 알게 될 것이다.

4/ 불완전한 아이디어도 반복하면 좋아진다

앞서 내가 디자인의 성지의 화려한 지붕 아래의 세 가지 스타일을 언급했다. 1) 유행 안 함 2) 유행함 3) 유행 만듦. 각각은 본질적인 가치와 목적이 있다. 이러한 개념에도 깊이가 있지만 쉽게 간과되고 과소평가 된다. 그러니 반복의 중요성을 이야기하기 전에 각각을 '더블 클릭'하여 살펴보자.

어떤 아이디어가 '유행함'일 때, 변형을 통해 그 수명을 늘릴 수 있다. 처음에는 두 가지 색상 중에서 선택해야 했던 제품이, 이후 몇 가지 색상을 추가하는 것을 보면 그렇다. 그리고 더 다양한 색상과 재질, 마감의 종류까지 나온다. 이후 어느 순간 유행은 끝나고 '유행 안 함'에 접어든다. 아이디어가 얼마나 '유행함'에 남아 있느냐는 본질적인 힘에 달려 있지만 마케팅 담당자가 그 수명을 늘리기 위한 독창적인 능력을 발휘할 수도 있다.

아이디어가 '유행 안 함'이 된다고 해서 성대한 장례를 치러

주지는 않는다. 우리가 살아가면서도 어느 순간 경험하게 되듯이 그 아이디어는 무관심의 영역으로 빠져버리고 그냥 사라진다. 당시에는 좋은 아이디어였으나, 시간은 흘렀다. 그 순간을 놓지 못하고 아직 세상은 바뀌지 않았다며 충성을 다하는 사람들도 있겠지만, 다음 유행을 따라잡지 못하면 대개는 바로 뒤처지게 된다. 몇몇 사람들은 너무 뽐내는 것처럼 보이지 않으려 튀는 것보다는 '유행 안 함'을 일부러 고르기도 한다. 시대를 역행하는 패션 아이콘 아이리스 아펠Iris Apfel은 "다른 사람과 옷을 똑같이 입지 않으면, 다른 사람처럼 생각할 필요가 없다."라고 말했다. 이 사람들은 유행의 규칙에서 열외인 '클래식'에 관한 아이디어를 차용해 불가능을 만드는 사람들이다. 가끔 오래된 아이디어가 '레트로'라는 이름으로 다시 떠오르며 '유행 만듦'에 속하게 되는 현상도 이런 이유다.

대부분의 야심찬 아이디어는 '유행 만듦'으로 분류된다. 귀여운 옹알이를 하는 갓 태어난 신생아 같은 아이디어일 수도 있고, 죽거나 사라지지 않는 낡은 것에서 온 아이디어일 수도 있다. 이는 소위 얼리어답터라는 사람들이 그들의 세계에 포함시키기를 기꺼이 환영하며 두려워하지 않는 유행의 범주이다. 아방가르드한 아이디어가 '유행함'으로 분류되지 않고 바로 '유행 안 함' 취급을 받을 수도 있다는 사실을 알면서도 말이다. 예술가들과 시간을 보내 보면, 그들의 아이디어가 주류가 될 수 없다는 것을 충분히 알면서도 '유행 만듦'이라는 불편한 장소에 있을 때 놀랍도록 편안해지는 그들을 발견할 수 있다. 대중 시장에서 유행하기를 바라는 것은 사업주의적인 디자이너들이고, 이에 반해 예술적인 디자이너들은 판매할 필요가 없는 예술 작품을 재정적 고민 없이 만들어 낼 수 있다.

불완전한 제품을 제공하는 것은 '유행 만듦'을 즐기는 사람이라면 누구에게나 신나는 일이다. 정말 그럴까? 사람들이 실리콘 밸리에 모인 데에는 이유가 있다. 바로 급진적인 아이디어를 비행기에 태워 날려 보낼 기회가 있었기 때문이다. 유행을 만들 뿐만 아니라 역사를 만들기 위해서다. 스타트업 회사의 역사를 보면, 무언가를 시작하기에 바로 지금 이 글을 읽고 있는 시간보다 더 좋은 시간은 없었다. 컴퓨팅 능력이 필요한가? 다른 이의 클라우드를 빌려라. 사람이 필요한가? 클라우드가 찾게 하라. 코딩이 필요한가? 시스템을 부팅하고 실행할 수 있는 기존 서비스는 널리고 널렸다. 돈이 필요한가? 천억 달러가 넘는 규모의 벤처 투자 회사들이 일하고 있고, 더 늘어날 전망이다. 다만 투자자들은 지속 가능한 성장을 지원하는 정도의 비용을 제공하고 마치 외계인 같은 지수적 성장을 기대한다. 그럼에도 오늘날 사용 가능한 모든 자원을 생각해 보면 스타트업을 시작하기에 이보다 좋은 시대는 없다.

스타트업의 목표는 무엇인가? '엔드업endup'이 되는 것이다. 스타트업이 결국 성공을 이뤄내면 더 이상 스타트업이 아니다. 무어의 법칙에 의해 시작은 쉬워졌지만, 그 후 추진력을 얻어 결국에는 차세대 구글이 될 만큼 성공적으로 마치는 것은 쉽지 않다. 나는 기술의 성지인 실리콘 밸리에서 시간을 보낼 때까지만 해도 기업가가 '유행 만듦'에 베팅하여 결국 '유행함'을 따내는 데 필요한 것이 무엇인지 충분히 인식하지 못했다. 느리고 비틀거리는 컴퓨팅 연구의 세계에는 없는 발명, 규모, 가능성의 놀라운 생태계에 참여하고 지켜보는 것은 행운이었다.

엔드업 회사들은 소프트웨어의 구축 방식과 관련하여 '기술적 부채'라 불리는 것에 휘말리기도 한다. 이는 새로운 소프트웨어가 미래를 향한 안목 없이 개발된 구식 소프트웨어에 기대어 빠르게 구축될 때 발생하는 일종의 빚을 뜻한다. 예를 들어, 강을 건너는 '스타트업' 다리가 싸고 빠르게 만들어질 때와 같이 이런 일은 물리적 세계에서도 언제든 발생한다. 오래지 않아 이 다리는 물건을 싣고 강을 건너며 산업 교통 인프라의 핵심이 될 것이다. 강 건너 시장에 물건을 납품하기 위해 다리에 의지하는 사업도 많아지고, 따라서 매일 다리를 이용해 출퇴근하는 사람들도 많아진다. 하지만 어떤 운송 사업은 다

스타트업	엔드업
되고 싶다	되었다
민첩성	안정성
문화가 만들어진다	문화가 만들어졌다
가진 것이 별로 없다	가진 것이 많다
잃을 것이 별로 없다	잃을 것이 많다
첫 시도	전부 시도해 본 후 무엇이 좋은지 안다
증명되지 않았다	증명되었다
해야 할 일을 한다	역할과 책임이 명확하다
수평적인 구조	규칙이 있는 수직적인 구조
오락가락 한다	시간이 흘러도 건재하다
비계층구조	계층구조

리가 설계될 때 고려한 수준보다 더 무거운 운송 장비를 사용하고 싶을 수도 있다. 덧붙여 출퇴근 시간에는 다리의 교통이 마비되곤 한다. 이와 같은 한계가 존재하지만 이를 제쳐두고 우리는 그 다리가 성공적으로 '엔드업' 됐다고 자신 있게 말할 수 있다.

다리가 더 많은 무게를 지탱하도록 하거나 교통 체증을 해결하기 위해 차선을 추가하는 것은 비생산적이고 비용이 많이 들기 때문에, 이러한 문제들은 사용자와 운영자들이 각자 알아서 해결해야 할 일이다. 그 다리는 다리의 한계 하중을 늘리거나 인구 증가에 따라 차선을 쉽게 추가하도록 설계할 시간이 건축가들에게 주어졌더라면 쉽게 해결되었을 기술적 부채를 떠안고 있다. 그동안에 강 하류에는 두 개의 스타트업이 새로운 건설 기술을 사용하기 위해 투자를 받았고, 현재 다리의 결점을 모두 파악하여 대비하고 있다. 결국, 신생 업체들에 잡아먹히게 될 '엔드업' 다리의 소유주들에게 조금 미안한 마음이 들지도 모른다. 하지만 컴퓨팅의 세계는 다르다. 물리적 세계에서는 대개 기술적 부채를 해결하기가 불가능하지만, 가상 세계에서는 완전히 가능하다. 왜일까? 그 재료가 본질적으로 불완전하고 항상 변화할 수 있기 때문이다. 그렇다고 해서 쉽다는 이야기는 아니다.

엔드업 회사에서 기술적 부채 해결의 주요한 제약은 현재
시스템을 만든 사람들, 즉 멀쩡히 잘 동작하는 다리를 고치기
를 꺼리는 건축가들이다. 비록 소프트웨어는 늘 변하고 반복
하지만, 무어의 법칙의 속도로 발전하기를 원하는 사람들이
있는지는 완전히 다른 이야기이다. 나는 지금까지 적잖은 엔
드업 회사에서 일하면서 기술적 부채가 어떻게 관리되는지 직
접 지켜보았다. 이를 관리하는 사람들은 기존 시스템의 성능
을 유지하거나, 약간 개선하거나, 혹은 느리게도 만들 수 있는
성실하고 나무랄 데 없는 사람들이었다. 이들을 비난하며 이
미 빛의 속도로 실행되고 있는 컴퓨팅 시스템을 교체하는 것
은 이와 연결된 모든 시스템의 상태에도 영향을 줄 수 있기 때
문에 싸늘한 시선만을 받을 수도 있다. (받아야 한다) 소프트웨어
개발자인 제시카 커Jessica Kerr는 이렇게 말했다.

당신의 소프트웨어가 더 유용할수록, 더 많은 시스템이 그
에 의존하고, 변화를 두려워하게 됩니다. 당신은 당신이 만
든 작은 세계보다 더 큰 위험을 감수하고 있습니다. 점진적
인 전달과 주의 깊은 데이터 이동이 필요합니다. 이전 버전
과의 호환성을 위해 두 배로 테스트하고, 두 배로 많은 특수
조건들을 코드에 삽입해야 합니다. 그 모든 변화를 당신이
직접 설계해야 합니다.

반면, 기술적 부채 없이 이제 막 총성을 듣고 출발한 스타트업도 한 달 안에 부채가 쌓이기 시작한다. 전반적으로 빠른 진행 속도는 강 상류에서 스타트업을 지켜보는 엔드업 회사에서는 부자연스럽게 보일 수 있다. 잃을 위험이 거의 없고 이미 입증된 '정확한 방법' 같은 것도 없는 스타트업에서는 '우리는 할 수 있어!'와 '안 돼, 하지 마!' 사이의 갈등이 존재한다. 개선할 것도 없고, 팀의 레이더망에 하나의 잠재적 '유행함'(혹은 스타트업 용어로 '제품-시장 적합') 아이디어가 잡힐 때까지는 '유행 만듦'을 계속할 수 있는 완전한 자유가 있다. 그리고 그것이 하나의 순수한 소프트웨어로 탄생했을 때 무어의 속도와 규모로 꾸준하고 안정된 개선을 만들어 나가면, 실리콘 밸리가 사랑하는 우버Uber, 핀터레스트Pinterest, 에어비앤비와 같은 회사들이 달성한 것과 같은 커다란 수익이 찾아온다.

제품 개선은 수학적으로 복리로 이루어진다. 워런 버핏 규칙 속의 돈과 같다. 일 년 365일 매일 개선을 하지 않으면, 다음과 같다.

$$1 \wedge 365 = 1$$

바뀐 것 없이 정확히 그대로다. 하지만 매일 1퍼센트를 개선한다면, 다음과 같다.

```
1.01 ^ 365 = 37.8
```

꾸준한 개선이 1년 만에 대략 38배에 달하는 성장을 이루어 냈다. 그러므로 제품을 불완전하게 출시했더라도, 이후 지속적으로 반복 투자한다면 그 수익은 엄청나질 수 있다.

또 다른 시나리오로 매일 1퍼센트씩 제품이 나빠진다고 가정해 보자.

```
0.99 ^ 365 = 0.03
```

1년 후, 첫째 날 시작했던 양의 3퍼센트만이 남았다. 이러한 가치 하락은 불완전한 제품을 내놓고 기술적 부채를 해결하지 않은 채 둔 상황을 극단적으로 표현한 것이다. 그저 그런 아이디어를 가지고 노력조차 하지 않는다면, 시간이 흘러 가치는 복리로 하락하고 당신의 판돈은 물거품이 되어버릴 것이다.

'100퍼센트 준비된' 아이디어는 무엇으로 구성되는가에 대한 질문은 논쟁의 여지가 있다. 이는 그것을 출시하는 팀을 어떻게 구성하느냐에 달려 있기 때문이다. 올바른 아이디어를 선택하고, 불완전한 아이디어를 개선하고 정제하는 데 꾸준히 투자하면 더 완벽한 제품으로 거듭나 '유행 만듦'과 '유행함' 사이 협곡을 넘을 수 있다. 브랜든 추[Brandon Chu]가 '배송의 시간 가치'라 부르는 것은 두 가지 프로젝트의 차이를 보여준다.

A) 더 크고 나은 것을 개발 – 천천히 출시
B) 작은 것을 개발 – 빨리 출시

만약 당신이 B 프로젝트를 한 달 안에 배송한다면, 고객들은 그해 남은 11개월 동안 더 나아지는 제품을 즐길 수 있다. 하지만 A 프로젝트를 11개월 만에 배송한다면, 고객들은 그해 남은 한 달 동안은 제품을 즐기겠지만, A가 B보다 대단한 영향력을 가지지는 않다. 나는 플랜 A를 사용한 기술 스타트업을 시작하려 했던 개인적인 경험이 있다. 엄청난 금액의 사비를 털어서 진행했지만 결국 플랜 B를 선택했어야 한다고 깨닫게 되었다. 그래서 나는 당신이 세상에 나와버린 불완전한 제품에 무자비하게 불만족하면서도 지속적이고 반복적인 투자의 중요성, 그리고 불완전성의 가치를 신중히 생각해 보기를 바란다. 그 과정에서 당신의 전략 재평가를 피하기 위해 무조건 빠른 반복만을 내세워서는 안 된다는 사실을 명심하라. 내 친구 알렉시스 로이드Alexis Lloyd는 이런 말을 즐겨 했다. "빠르기만 한 것 말고, 정말 좋은 것을 만들려면 속도와 사려 깊은 생각이 공존해야 해."

마지막으로, 소프트웨어를 만들 때 흔히 사용하는 부정적인 말이 있다. '출시 후 떠나라.' 발사 후 스스로 목표물을 찾아 공격하는 미사일을 설명하기 위해 군대에서 사용하는 '발사 후 잊어라'라는 말과 비슷하다. 잊을 수 있으면 좋겠지만, 항상 그렇지는 못하다. '출시 후 떠나라'라는 불완전한 아이디어를 일단 세상에 내보내고, 절대로 개선하지 말고, 복리 부채가 0.99^{365}로 하락하는 것을 받아들이라는 말이다. 그러니 불완전한 세계에 움직임을 만들 때, 당신의 아이디어가 세상에 나온 후 지속적인 개선에 올바르게 투자하는 것을 소홀히 하지 않도록 주의하라. 그 아이디어가 아직 걷는 법을 배우지 못한 아기라고 생각하라. 올바르게 자라도록 보살펴 주어야 한다. 사실 이것은 '발사 후 잊어라'라는 문구의 미사일과는 정반대다. 출시 후 떠나버리면, 당신이 알아채기도 전에 당신의 컴퓨팅 제품은 '유행 안 함'으로 썩어들어갈 수도 있다.

5/ 감정적 가치는 선택이 아니라 필수다

여러분들 주변에는 디지털 제품을 만드는 특별한 사람들이 있겠지만, 철도나 비행기 등 커다란 기계를 만드는 사람들처럼 옷에 묻은 얼룩이나 손가락 끝의 굳은살과 같은 물리적인 증거로 그 사람들을 찾아낼 수는 없다. 이동하고 처리하고 변화하는 소프트웨어 기기의 건설 현장에서 보이지 않게 조용히 수백만 숫자를 움직여 빠른 속도와 커다란 규모로 정보를 투입하는 사람들이 바로 소프트웨어 종사자들이다. 컴퓨팅 머신들을 실제로 만들어 내는 마술은 상당한 큰 힘을 유발할 수 있지만, 내가 앞서 지적했듯이 현실과의 연결이 끊어진다는 점에서 프로 게이머나 드론 조종사와 비슷한 수준이다. 당신이 당장 마주하는 현실은 당신의 주변과 엄청나게 다르다. 기계의 언어를 구사한다고 당신이 기계가 되는 것은 아니지만, 자연스럽게 정서적 영향을 미칠 것이다. 주변에 기계의 언어를 구사하지 않는 사람들을 보면서, 그들은 진짜 무슨 일이 일어나고 있는지 관심도 없이 그저 헤헤거리고 있다는 생각이 들게 된다.

시간이 흐르며 개선될 수 있는 아이디어의 핵심을 사용하여 클라우드를 통해 사용자들에게 이를 전달하려면, 그 모든 마법을 이루는 가장 큰 권한을 가지고 있는 사람이 누구인지를 알아야 한다. 누구겠는가? 그렇다. 바로 소프트웨어 개발자들이다. 그들이 어떻게 느낄 수 있는지 기억하는 것이 중요하며, 당신도 그 세계에 깊게 들어가 보면 그들이 느끼는 대로 느낄 것이다. 개발자들은 무한 루프와 초정밀 디테일로 이루어진 초대형 시스템, 그리고 매일 점점 더 살아 숨 쉬는 것 같아지는 기계의 세상을 산다. 많은 개발자들은 그들이 만드는 시스템에 영향을 미칠 수 있는 사업과 디자인의 원리를 이해한다.

이는 그들의 기계가 '유행함'에 속할 순간이 있고 아이디어 시장에서 성공할 수 있음을 확신할 수 있게 해 준다. 어도비 포토샵이나 지메일이 그랬다. 하지만 내가 개인적으로 증명하건대 엔지니어 기초 훈련에 사업이나 디자인 관련 훈련은 주로 포함되지 않는다. 이로써 오늘날의 기술 기업들 사이에 상당한 격차가 발생한다.

비즈니스의 본질이 클라우드에 의해 변화되고 있으므로 이러한 격차는 더욱 심화되고 있다. 제품이 더 이상 완성품으로 나오지 않고 정기적 개선사항이 점진적으로 반영되는 세계에서, 고객과의 관계는 한 번 제품을 사고 소유하는 개념에서 설정된 기간마다 돈을 지불하며 사용하는 대여의 개념으로 변화했다.

과거에는 '완성된' 소프트웨어가 담긴 CD-ROM을 수천 달러를 내고 사야 했지만, 요즘은 클라우드 기반의 서비스를 이용할 수 있는 권한을 매월 몇 달러만 주고 사용한다. 반복적인 수익 모델, 혹은 구독 사업으로의 변화는 확장성, 예측성, 높은 고객 참여도 등 많은 장점을 지닌다. 당신은 최종 판매를 하지 않고, 대신에 구독료로 들어오는 정기적 수입에 의존한다. 이는 마치 연애와 결혼의 차이와 같다. 연애할 때는 항상 긴장의 끈을 놓치지 않지만, 결혼하고 난 후에는 배우자를 당연시하고 게을러질 것이다. 고객과 항상 '연애'를 한다면 그들을 꾸준히 만족시키는 것이 매우 중요하다. 특히 구독 기간이 종료되어 연장해야 할 시점에는 더욱 그렇다.

10년 전만 해도 기술적으로 고객을 만족시키는 것은, 주로 기계들이 원래 작동해야 하는 대로 작동하도록 보장하는 것의 문제였다. 기술적 사고를 하는 사람들이 기술적 사고를 하는 사람들을 위한 시스템을 제공하면서 A 지점에서 B 지점으로 자동차를 옮기는 다리에 변화가 생겼다. 원래 다리는 다리의 기능만 하면 될 뿐, 아름다울 필요가 없었다. 사업 관계의 지속 여부에 상관없이 통행료는 통행료고 필요한 서비스에는 비용을 지불하는 것이 이치에 맞았다. 하지만 선택할 다리가 너무 많고 고급 컴퓨팅 시스템을 누구나 사용할 수 있게 된 새로운 세상에는 변화가 일어났다. 이 변화와 더불어 일반적인 소비자는 이제 과거의 고정 관념 덩어리가 아니다. 그보다는 일흔이 넘었지만 최신 유행에 민감한 누군가의 부모님이거나, 스프레드시트를 한 번도 사용해본 적 없는 유명 연예인이거나, 점심시간에 수학 영재반 친구들 대신 운동부 친구들과 함께 앉는 학생에 가깝다. 순전히 기능만을 놓고 보는 접근은 더 이상 충분하지 않다. 대신에 풍부한 경험이 곧 판돈이 되었다. 대형 시장을 보유한 기기나 서비스에 의해 만들어진, 비교적 새로운 고급 표준이 등장했기 때문이다. 애플과 인스타그램을 생각해 보라.

MVP 접근은 고객들이 필요한 것을 완전히 구현하지 않은 상태로 제공하는 미니멀하고 린한 방법이다. 클라우드의 작동 원리와 불완전한 아이디어를 시험하는 이 전례 없는 능력을 생각해 보면 MVP 접근은 아이디어를 세상에 내놓는 데 가장 좋은 방법이다. '실행 가능'이라는 말의 뜻은 사람에 따라 논쟁의 여지가 있다. 실제로 소프트웨어 시스템을 만드는 사람들은 대개 공학도인데 이들에게 'V'는 신뢰할 수 있고 가능한 결함이 없는 것을 뜻한다. 다리가 무작위로 자동차를 날려버리거나 갑자기 무너져 버린다면 무슨 소용이겠는가? 또한, 두 대이상의 차량의 무게를 견딜 수 없다면 다리에 꽃무늬 수를 놓아봤자 무슨 소용인가? 기술이 작동하지 않으면, 제품으로서 갖춰야 할 최소한의 수준에서 실패한 것이다. 안전하고 견고하게, 그리고 신속하게 실행 가능한 소프트웨어 시스템을 만드는 것은 가볍게 생각할 작업이 아니다. '최소 실행 가능'하다는 말은 제품의 기능적 측면에서 가능한 자원을 모두 우선순위로 두는 것을 뜻한다.

중요한 이야기이므로 조금 더 해 보자. 엔지니어들은 보이지 않는 컴퓨터 세상을 '볼 수 있는' 사람들이고, 다른 사람들은 보지 못하는 복잡성을 관리하는 사람들이다. 또한, 그들은 앞으로 나아가면서 그들이 건설하고 있는 다리뿐만 아니라 연결될 모든 다리를 포함한 여러 계층의 기술적 부채에 대처하고 있다. 그런 영웅적인 노력에 보답하지 않는 세상에서, 혼돈과 복잡성의 수많은 댐에 맞설 수 있는 것은 오직 타이핑에 지친 그들의 손가락뿐이다. 불로 인한 연기가 없고, 먼지로 인한 얼룩이 없으며, 육체노동으로 인한 땀방울도 없지만, 전쟁터를 사업 혹은 디자인의 관점으로 바라볼 때 우리는 사이버 공간의 전사들에게 공감해 주어야 한다. 그들은 머릿속의 보이지 않는 공간에서 놀랄 만큼 미세한 디테일과 엄청난 규모를 관리하고 있다. 컴퓨팅 세계에 대한 새로운 인식부터 시작해서 그들을 이해해 보는 것은 도움이 될 수밖에 없다. 기계의 언어를 조금 안다고 손해 볼 것은 없다. 기계의 언어를 얼마나 할 줄 아느냐는 질문을 받았을 때, 항상 쑥스럽게 대답할 수밖에 없을 것이다. "그냥, '약간'이요."

공학인들은 불편함에 대한 내성이 이미 높으므로 대략 순수한 기능만을 시험해 보아도 괜찮을 것이다. 그러나 일반 사람들의 앱에 대한 기대는 높아졌고, 어느 정도의 편안함과 약간의 즐거움을 제공해야 할 필요성을 포함하여 '실행 가능'하다는 말을 다시 정의해야 할 때가 왔다. 실험용 항공기의 전문적인 시험 조종사에게는 편안한 좌석이 필요 없겠지만, 상업적인 비행기의 승객은 베개와 탄산음료가 있기를 바란다. 음료는 웬만하면 캔 통째로. 물질적 위안이 없이 MVP에 지배된 디지털 제품의 세상에서 이 점을 더 명확히 하기 위해 나는 'lovable(사랑스러운)'의 'L'을 추가한 'MVLP'라는 용어를 사용하고 싶다. 왜냐고? 무엇보다도 신뢰성과 효율성을 중요시하는 공학인들 이상으로, 바로 우리가 실행 가능한 경험을 만들고 있다는 사실을 잊어버리기 쉽기 때문이다. 'L'로써 우리가 고객과 연애를 하려는지 결혼을 하려는지 스스로 되돌아보고 그들과 사업 관계를 돈독히 하기 위해 하트 시그널을 주고받아야 한다.

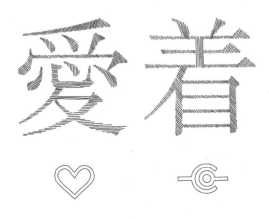

디자인의 예술과 과학은 애착(愛着)이라는 일본의 철학과 근본적으로 관련이 있다. 이 디자인 용어는 당신의 삶과 완벽하게 맞아떨어져 즉시 그것에 결합되는 당신 주변의 무언가에 대한 특별한 연결을 말한다. 애정을 구축하는 틀을 잡는 능력이나, 확장이 가능하면서도 강력한 컴퓨팅 기계를 만드는 목표에 다가가기 위한 올바른 경험은 이제 그저 '있으면 좋은' 것이 아니라 '있어야 하는' 것이다. 나는 내 인생의 대부분을 기술의 성지와 디자인의 성지 사이 연결을 중개하는 일을 하며 보

냈다. 그리고 누구든 사회에서 다리 역할을 하는 사람이라면, 다리를 안정적으로 건너기 위해 먼저 다리를 밟고 시험해 보아야 한다는 사실을 안다. 아 참! 내가 어떤 성지에 속했는지 나조차도 모를 때가 많은데, 그냥 그해에 무엇을 했느냐에 따라 한쪽에서 추방당하곤 했다. 하지만 이 세계들 사이의 어색한 균형은 내가 두 가지 관점 모두를 가치 있게 바라보고 이해하도록 도와주었다.

몇몇 기술 기업들은 소프트웨어 엔지니어의 사고를 이해하는 사람들이 떠올린 상상으로부터 이익을 얻었다. 그 사람들은 디자인의 성지의 도움 없이 창의적인 에너지를 누구나 좋아할 만한 경험으로 전환할 수 있는 사람들이었다. 스티브 잡스의 디자인 성공에서 출발하여, 야후의 전 CEO였던 마리사 메이어Marissa Mayer가 구글에서 상품 검색과 사용자 경험 부문의 부사장을 맡았던 당시의 초기 작품에 주목해 보자. 메이어는 웹상의 시각 디자인에 널리 행해지던 접근과는 완전히 반대로, 당신의 기계가 구글 클라우드에 접속해 정보를 가져오는 데 걸리는 시간만을 중요시했다. 2006년 그녀는 사용자들이 '정말 속도에 반응한다'고 주장했고, 구글의 검색 화면을 100킬로바이트에서 70킬로바이트로 낮추니 통신량이 증가했는지에 주목했다. 이는 당시 화면 전체를 메우는 사진을 비롯해, 불필요한 사족을 주렁주렁 달고 있는 '디자인된' 경험을 사용자에게 제공하고자 했던 자연스러운 경향과 대조적이다. 나는 메이어의 탁월한 전략이 구글 디자인의 완벽성이 가진 새로운 위치라고 생각한다. 이는 애플이 빠르게 성취하고 있는 것이다. 대부분의 기념 기사는 메이어의 중요한 기여를 오해하거나 생략하지만 말이다.

메이어는 엔지니어가 이해하고 측정할 수 있는 것을 가져와 신속하게 전달하고자 구글의 사내 전문 지식을 사용했다. 이것은 맥도날드^{McDonald} 형제가 맛있는 버거를 숨 막히는 속도로 배송하는 방법을 고민해 스피디 서비스 시스템^{Speedee Service System}을 고안한 것과 같다. 그들은 잘 설계된 경험의 기초에 있는 근본적인 경험이 가진 한계를 해결했다. 이는 내가 《단순함의 법칙》에서 세 번째 법칙으로 언급했다.

시간 절약이 곧 단순함이다.

올바른 공학적 관점의 경험을 제공하는 구글의 능력은 그들의 제품에서 아주 기본적인 것이었다는 점이 매우 인상 깊다. 초기의 이런 접근은 '적어야 많은 것'이라는 미니멀리스트적 디자인 접근으로 압축되거나, 괴상한 편견과 혼동되기는 했지만, 그 이상의 의미가 있었다. MVLP의 'L'이 처음부터, 즉

공학적 단계에서부터 진지하게 고려되어야 한다는 것을 인정하는 셈이었다. 모든 것은 컴퓨팅에 의존했기 때문이다. 그리고 웹페이지가 빨리 뜨면 품질이 좋다고 느끼기 때문에 구글이 디자인 속성으로 속도를 선택하면서, 무엇이 엔지니어와 비공학인 모두에게 사랑받을 수 있는지를 결정하는 희귀한 교차로에 있었다. 속도를 위한 기술적 도전이 구글에 의해 평정된 후, 그들은 'L' 접근을 미학이라거나 고효율 압축 이미지처럼 홈페이지에서 자주 사용하는 비공학적 속성들로 영리하게 확장했다.

비공학인들을 위한 MVP의 애정은 어떠한 규모의 디지털 제품이든 구축 초기에 사업가들과 디자이너들을 데려와야만 가능한 이야기다. 비즈니스 모델을 완성된 컴퓨팅 기기에 때려 넣는 것은 더 이상 이기는 전략이 아니며, 완성된 제품에 디자인을 끼얹은 것 역시 패배로 향하는 지름길과 같다. 애착을 만족시키는 경험에 정당한 대가를 지불하려는 소비자를 위해 개발자가 기꺼이 만드는 제품, 예를 들어 무너지지 않는 다리 등에 감사하는 마음과 같은 통합적 접근이 필요하다. 운이 좋다면 이러한 팀워크는 '유행함'이 오는 순간에 생겨날 것이다. 수요가 급증하면 비즈니스의 성지가 최고의 애착, 즉 제품 시장 적합성을 성취할 수 있을 것이다. 제품 시장 적합성을 얻기 위해 애자일 방법론을 사용하여 소비자들을 제품 개발에 참여시켜 샘플을 경험해 보도록 하는 과정을 거침으로써 운이 좋아진다.

팀워크의 근본적인 차이에 관한 일반적인 비유는, 엔지니어링 기반 MVP가 드라이 케이크 샘플을, MVLP가 컵케이크 혹은 모든 디테일을 살린 더 큰 케이크의 미니어처 버전의 케이크를 제공하는 것으로 생각하는 것이다. 컵케이크는 커다란 케이크보다 만들기가 훨씬 쉬우며 궁극적으로 자신이 케이크라는 사실을 드러내야 하므로 케이크의 경험을 더욱 충실하게 표현한다. 하지만 MVLP는 구현하기 어렵다. 케이크를 만드는 자체가 어려웠으므로 튼튼하고 담백한 드라이 케이크를 안정적으로 만들 수 있는 회사가 거의 없었기 때문에 컵케이크 하나를 사려면 말도 안 되게 비싼 비용을 지불해야 했던 과거의 감정과 몸의 기억이 여전히 팽배하기 때문이다.

부스러기가 날리지 않는 플레인 케이크를 한 입 베어 물면 '와!' 하는 소리가 절로 나온다. 아마 이를 기술적 기적이라 일컬으며 그 케이크를 사랑하게 될 것이다. 오늘날 당신이 대중 시장에서 잘 통하기를 열망하고, 경쟁 업체도 당신만큼 플레인 케이크를 잘 만들 수 있음을 인식한다면, 판돈은 커진다. 따라서 당신은 이제 단지 기술적인 케이크를 넘어 취향이라는 더 넓은 범위에서 애정을 추구해야 한다. 제품 개발 팀을 기술 이상의 다양한 능력으로 꾸리려면 사려 깊은 노력이 필요하지만, 다양한 삶의 경험을 통합한다면 팀을 더 멀리 나아가게 해줄 것이다. 그리고 만약 팀 멤버 모두가 약간이라도 기계의 언어를 할 줄 알고, 개발자의 손가락을 통해 횡단하는 컴퓨팅 우주의 절대적이고 보이지 않는 도전에 공감한다면, 시작이 아주 좋다. 아마 서로를 아끼는 마음과 동료애는 이 디지털 시대에 불완전하지만 감정적으로 충만하고 성공적인 결과를 가져다줄 것이다.

법칙 5
디지털 기술의 사용에는 책임이 따른다

1/ 위대한 기술에는 위대한 책임이 따른다

내 책상에는 풍경(風磬) 한 더미가 있다. 부모님이 두부 사업을 정리하시면서 어머니가 나에게 준 것이다. 이 풍경은 문틀 꼭대기의 구부러진 못 하나에 매달려 정문이 열리면 손님이 온 것을 알려주는 역할을 했다. 작은 가게의 주방과 홀을 분리해 주던 일본 스타일의 노렌 커튼 때문에 손님이 오는지 바로 보이지 않았기 때문이다. 게다가 부모님의 두부 가게는 협소했고 콩을 가는 기계 소리는 너무 커서 다른 소리는 잘 들리지 않았다. 그래서 작은 종들이 날카롭게 딸랑거리는 소리는 일종의 저차원적 기술을 사용한 감지기 역할을 하며 밖에 사람이 왔는지를 알려 주었다. 내 책상 위의 풍경들은 과거 기계 시대의 텔레메트리telemetry(원격 측정)의 힘을 상징하는 특별한 의미가 있다.

'텔레메트리'라는 단어는 원격 통신 기술을 처음으로 선보인 19세기 프랑스에서 처음 사용되었다. 이는 알프스^{Alps} 산맥에서 가장 높은 산인 몽블랑^{Mont Blanc}에서 파리까지 눈의 깊이를 전달하는 전기 기구를 설명하기 위해 쓰였다. 센서를 가지고 가는 인력을 대체할 수 있다는 점이 텔레메트리의 특징이었다. 사람이 직접 먼 지점까지 데이터를 수집하러 가야 할 필요가 없어진 것이다. 센서의 데이터는 자동으로 읽혀 범위 내의 기지를 향해 전기에 의해서 전송되었다. 1800년대 후기 파리에서 거의 650킬로미터나 떨어진 곳의 적설량을 알아낼 능력을 지닌 과학자가 된다는 것이 어땠을지 상상해 보라. 텔레메트리는 프랑스 과학자들에게 마법과 같았다. 마치 인터넷이 처음 등장했을 때처럼 말이다.

몽블랑 정상에서 오직 기상 정보만 송출했던 센서와 달리, 인터넷은 고속의 양방향 통신을 가능하게 했다. 이는 매우 중요한 특징이다. 하지만 원거리 양방향 통신은 종종 오류가 발생한다. 시스템에는 항상 어떤 결함이 있기 때문이다. 그것은 잘못된 전선이나 센서일 수도 있고, 잘못된 관리자일 수도 있다. 따라서 컴퓨터가 매우 빠른 속도로 통신하다 보면 서로에게 "그 메시지 받았니?"라고 물어볼 일이 생긴다. 그러면 때때로 상대방이 이렇게 대답할 것이다. "아니. 다시 보내 줄래?" 알다시피 컴퓨터는 빠른 속도로 처리하고 <u>스스로 반복</u>하는 데 문제가 없으므로 잘못된 일을 바로잡기 위해서라면 언제까지든 왔다 갔다 할 수 있다. 그들은 계속해서 서로의 상태를 확인하기 때문이다.

확인 신호는 '핸드셰이크handshake'라고도 하며 기기들이 서로 명확히 통신해야 한다는 아이디어를 내포한다. 이는 그들이 100퍼센트의 신뢰도로 데이터를 하나도 잃지 않고 조직화하는 방법을 의미한다. 또한, 각 기기는 다른 기기들이 어떤 상황에 처했는지를 듣고 학습한다. 신뢰도 높은 통신을 하려면 그렇게 해야만 한다.

컴퓨팅 기기에 네트워크 케이블을 연결하거나 와이파이를 연결했다면, 이제부터 기기는 당신이 입력하는 자판과 마우스 클릭 외에도 다양한 입력을 먹고 살기 시작한다. 연결이 설정된 이상, 당신이 구동하는 소프트웨어는 제작자에게 공유할 정보를 전송한다. 물론 그렇게 하도록 개발되었을 때 말이다. 비행기가 비상 착륙을 해야 할 때 비행 기록 장치가 중요하듯이 이것은 아주 중요한 기능이다. 예를 들어, 당신이 사용하는 앱이 갑자기 멈추면 소프트웨어 제작자는 프로그램이 멈추기 전에 어떤 일이 일어났는지 쓸 만한 정보를 얻을 수 있다. 그렇게 함으로써 소프트웨어를 어떻게 고쳐야 할지 알게 되고 똑같은 오류가 발생하지 않도록 조치한다. 하지만 당신은 문제가 발생하기 직전 무엇을 하고 있었는지를 공유하게 될 것이다.

컴퓨터가 멈출 때 하던 일을 공유하고 싶지 않을지도 모르는데 소프트웨어 회사가 당신으로부터 무언가를 가져간다고 생각하면 약간 걱정이 되기도 한다. 하지만 네트워크 연결이 이루어진 이상 세계의 누구든 당신이 컴퓨터에서 무엇을 했는지를 공유받을 수 있다. 만약 웹 브라우저로 클라우드 기반의 시스템을 주로 사용했다면 더욱 그렇다. 웹 사이트에 접속해서 한 일은 죄다 원격 서버에 전송된다.

제품이 클라우드에 배포되고 당신의 기기에서 서비스를 사용하기 시작하는 순간, 회사는 즉시 그것이 어떻게 사용되는지 관찰하고 여전히 불완전한 상태인 디자인에 추후 개선을 요청한다. 온라인으로 사용하는 앱이나 서비스 대부분은 당신이 음악을 감상하든, 공유 문서를 편집하든 이런 방식으로 작동하며 당신이 하는 일을 지켜보고 있다. 이 능력은 소프트웨어 회사들이 일종의 텔레파시로 고객들이 제품을 어떻게 사용하는지 알아볼 수 있게 해 준다. 이런 일이 일어나고 있다는 사실을 안 이상, 의문을 가질 수밖에 없다. '이 기능 어떻게 끄지?'

인터넷이라는 형식의 장점만을 즐기면서 숨어 있는 양방향 통신을 배제하는 것은 불가능하다. 즉, 그 기능을 끄는 방법은 없다. 이는 컴퓨터 밖 어딘가에서 구동된 시스템에 네트워크를 연결하여 사용하는 소프트웨어 시스템이라면 자연스러운 현상이다. 당신의 모든 행동은 기록되고 클라우드 어딘가에 존재하는 기지로 전송된다. 팝업창에 뜨는 선택지처럼 명시적인 질문을 하는 대신 그냥 당신의 행동을 살피고 당신이 하려는 일을 추론하는 것이 가능하다. 예를 들어, 다른 사진보다 특정 사진에서 시간을 끌었다는 사실은 당신이 그 사진에 관심을 가졌다는 의미이다. 또 무언가 입력하다가 멈추고 미처 끝까지 입력하지 못했다면 당신이 망설였다는 의미이다. 명시적 소통은 전혀 없었더라도 마치 탐정이 범죄 현장에서 단서를 모아 조각을 맞추려 하는 것처럼 당신의 행동은 추론의 대상이 되기도 한다.

뉴스 기사로 접했겠지만, 사용자들이 온라인에서 하는 행동과 데이터를 기반으로 그들의 생각을 알아내는 것은 당연히 개인 정보 침해이다. 놀랍게도 2018년 유럽 연합에서 일반 데이터 보호 규칙General Data Protection Regulation, GDPR을 제정하기 전까지는 기술 기업들이 써드 파티Third Party(프로그램 개발에 도움을 주는 제삼의 프로그램-옮긴이)를 사용해 사용자들의 정보를 몰래 수집하고, 처리하고, 공유하는 데 규제가 거의 없었다. 이책을 집필하는 시점에 미국에는 비슷한 법률이 없으며 당신의 정보를 가지고 회사들이 무엇을 할 수 있는지에 대한 제재도 거의 없다. 보통 우리는 규율이 변경되었다고 알려주는 난해하고 긴 법률 용어를 클릭하고서 우리가 접근하고 생산하는 정보의 소유 권한에 관한 권리를 일부 포기한다. 소프트웨어 회사에서 수동으로 당신의 모든 행동을 분석하는 개발자들이 한둘이 아니라는 점은 더욱 놀랍다. 게다가 컴퓨팅 시스템은 점심시간이나 휴가도 없이 아주 미세한 행위까지 정확하게 파악하며 당신에 관한 모든 정보를 얻으려 한다.

텔레파시가 일종의 초능력이라면, 우리는 스파이더맨의 제작자인 스탠 리Stan Lee가 정의한 슈퍼히어로의 행동 수칙을 살펴볼 필요가 있다. "위대한 힘에는 위대한 책임이 따른다." 기술 기업들 앞에 이 문장이 등장했다. 그리고 당신이 여전히 이 책을 읽고 있는 이유 역시 이 문장에 담겨 있다. 제품을 만드는 컴퓨터적인 접근 방식은 강력하고도 위험하다. 힘과 위험이 함께 작용하기 때문에 누구에게도 위협을 가해서는 안 된다. 하지만 이는 오늘날 기술을 이끌어가는 사람들의 '오만'으로 치부되어 이 우려는 자주 간과된다. 나는 그것이 오만함이 아닌, NIRLNot In Real Life(가상 세계) 시간의 과잉과 IRLIn Real Life(현실 세계) 시간의 부족에서 오는 보호받는 특권의 일종으로 생각한다. 나는 수십억의 숫자를 다루는 강력한 컴퓨팅 시스템인 NIRL의 우주에 살았기 때문에, 그것이 당신의 자아를 해칠지도 모른다는 것을 안다. 윤리와 관련해서는 젊은이의 대담함과 순진함을 컴퓨팅의 능력과 함께 융합해야 한다. 그러면 결국 당신은 의도하지 않았더라도 놀라운 레시피를 가지게 된다.

당신이 기계의 언어를 유창하게 하고, 텔레파시의 선물을 받아들이는 법을 배울수록 조심해야 한다. 당신이 내리는 결정이 현실 세계에 미치는 영향을 항상 지켜보고 균열이 커지지 않도록 주의하라. 고객의 문제에서 나를 분리하고, 나와 비슷한 생각을 하는 사람들을 주변에 둠으로써, 내가 얼마나 편안해졌는지는 하늘이 알고 땅이 알 것이다. 모든 사람의 모든 것을 알 수 있다고 믿도록 해 주는 컴퓨터 텔레파시를 활용한 중독성 있는 힘이 발휘될 때, 기계의 언어를 말하는 모든 사람에게 높은 윤리 의식을 위한 책임이 생겨난다.

2/ 아는 만큼 만족할 수 있다

대학 졸업 후 몇 년 동안 일본에 살던 시절, 나는 열차가 어찌나 시간표에 적힌 시간대로 정확히 도착하고 출발하는지 당황스러울 정도였다. 지하철이나 기차나 마찬가지였고 도쿄만 이런 것은 아니라는 생각이 들었다. 하지만 시애틀에서 자라면서 나는 대중교통의 시간표를 절대 믿지 말라는 교훈을 얻었고 이는 일본을 제외한 모든 장소에 적용되었다. 일본인 동료들에게 이에 대해 물어보면 말할 것도 없이 늘 일관된 대답이 돌아왔다. "일본인이 고객일 때는 그런 일이 절대 일어나서는 안 되죠." 당시 이런 대답은 약간 오만하다고 생각했다. '저 사람들은 내가 미국인이라 기대치가 낮을 것이라고 생각해서 저런 말을 하나?' 의심은 일단 제쳐두고 나는 그들이 고객을 생각하는 마음을 이해했다. 이는 부모님의 두부 가게에서 주입된 마음이기 때문이다. 고객을 생각하는 마음은 우리 아버

지가 자주 사용하는 단어인 오모테나시(おもてなし)에 깃들어 있다.

오모테나시는 '환대'라고 번역할 수 있지만, 그저 집처럼 편안하게 해 주는 것 이상을 의미한다. 사람들을 어떻게 맞이하고 배웅하는지, 어떻게 대접하는지, 그들이 필요한 것을 눈치채고 기대에 부응하는 방법을 뜻한다. 두부 가게에서는 고객에게 물건을 건넬 때는 두 손으로, 떠날 때는 문을 열어드리는 등의 엄격한 관행을 의미했다. 아버지에게 오모테나시는 멀리 가시는 손님의 두부가 가는 도중 부서지지 않도록 적당히 단단한 두부를 골라 드리는 것을 뜻했다. 또 아버지는 절대 인정하지 않으시겠지만, 하와이 출신의 밝은 어머니가 특유의 따뜻하고 중독성 강한 웃음소리로 손님과 나누는 친근한 농담도 오모테나시에 속했다. 나는 이것이 손님들을 다시 오게 했던 가장 큰 이유라고 생각한다. 어머니는 항상 손님들을 웃게 했다.

근본적으로 오모테나시는 고객이 원하는 것을 묻지 않고도 알아채서 그들을 만족시켜주는 것을 말한다. 이를 가장 잘 보여주는 유명한 이야기가 있다. '세 잔의 차'는 16세기 전사의 이야기다. 전사는 사냥을 마치고 돌아왔는데 누가 봐도 목이 말라 죽기 직전인 상태였다. 그가 처음 받은 차는 커다란 컵에 담겨 있었고 미지근했다. 그는 얼른 차를 마셔 버렸다. 차를 더 달라고 하자, 조금 더 뜨거운 차를 처음 받은 차의 절반만큼 받았다. 이번에는 더 편안하게 차를 즐기면서 마셨다. 두 번째 잔을 비우고 차를 더 달라고 했을 때, 그는 아주 아름다운 작은 찻잔에 담긴 뜨거운 차를 받았다. 먼저 마신 두 잔의 차로 이미 갈증이 가라앉았기 때문에 그는 마지막 뜨거운 차를 충분히 즐길 수 있었을 뿐만 아니라 아름다운 찻잔을 감상할 여유도 있었다. 차를 대접한 이시다 미쓰나리Mitsunari Ishida는 이후 전사의 무리에 합류하는 보상을 받았으며 나중에는 그 시대의 가장 위대한 사령관 중 한 명이 되었다.

이시다의 세심함에 관한 이야기는 하나의 우화다. 차를 그저 일반적으로 제공하지 않고, 차를 마시는 사람이 필요한 경험을 고려하는 발상이다. 즉, 그 전사가 엄청나게 목이 마르다는 사실을 이시다가 미리 알지 못했다면, 그는 아름다운 찻잔에다가 펄펄 끓는 차를 내어 전사의 혀를 데게 했을 것이다. 갈증을 해소하지 못할 뿐 아니라 컵의 아름다움까지 낭비해 버렸을지도 모른다. 직설적으로 말하자면 이시다가 약간의 스파이 기질을 발동해 전사의 사냥 여정에 관해 알고자 노력하지 않았다면, 전사의 요구 사항이 그토록 완벽하게 충족되지는 않았으리라. 우리가 고객을 알게 될 때, 그들이 원하는 서비스를 제공할 기회가 생긴다. 하지만 고객을 기쁘게 하는 방법을 알려 주는 정보를 얻기 위해 우리는 집요해져야 하고, 가끔은 운도 따라 주어야 한다.

오모테나시를 경험하기 위해 일본에 갈 필요는 없다. 오모테나시는 당신이 가장 좋아하는 레스토랑이 당신을 이름으로 기억하는 바로 그 순간이다. 그 순간 당신은 익명의 고객에서 '고향에 돌아온' 가족으로 바뀐다. 온라인에서는 이와 비슷한 일이 늘 일어난다. 특정 웹 사이트를 자주 방문하다 보면 그 웹 사이트는 당신의 이름을 부르며 인사해 준다. "돌아오셨군요, 존!"이라고 말하는 메시지를 보면 기분이 좋다.

그러나 전혀 관련 없는 사이트를 난생처음 방문했는데 갑자기 당신의 이름을 열렬히 부르며 환영하는 상황은 그다지 기분이 좋지 않다. 마치 전혀 가본 적 없는 식당에 들어섰는데 전혀 만난 적 없는 종업원이 이름을 부르며 "존! 새 직장은 어때?"라고 하는 느낌이다. 낯선 사람들이 불편할 정도로 당신을 '알고' 있는 상황을 피하는 것은 현재 인류에게 아주 시급한 문제다. 당신은 프라이버시를 스스로 보호하는 방법을 미디어에서 듣게 될 것이고, 기계가 우리의 프라이버시를 침해하는 것을 막아야 한다고 생각할 수밖에 없다. 그러나 디지털 기기에게 정보를 그만 모으고 그만 공유하라고 하는 것은 당신의 마법 지팡이가 가진 모든 마력을 없애 버리라는 것과 같다.

디지털 기기는 본질적으로 어떤 방식으로든 측정을 할 수 있고, 분명 그렇게 될 것이다. 그것이 이러한 패러다임이 가진 이점이기 때문이다. 기계 사용의 수준은 여러분의 기기에서 발생하는 모든 클릭과 자판 입력을 가져오는 것에서부터 매 순간 지구상의 3차원 위치 정보를 가져오는 것까지 다양하다. 당신은 웹 추적의 기본 단위인 '쿠키cookie'라는 말을 들어본 적이 있을 것이다. 쿠키는 아무 잘못이 없어 보이지만, 사실 쿠키는 웹의 첫 번째 죄악이며 인터넷이 부상하면서 인터넷 광고 산업이 성공한 이유이기도 하다. 쿠키는 당신이 언제 어디에 방문했는지 브라우저 내에 '주차'할 수 있도록 만든 작은 텍스트 조각이다. 당신이 웹 사이트를 떠난 순간을 기억하기에 좋은 수단이며, 미쓰나리의 세 번째 잔처럼 당신에게 가장 적합한 차를 만들기 위해 노력한다.

또한, 브라우저에 텍스트로 만든 쿠키를 보관하는 통을 놔 두는 기본적인 기술 메커니즘을 사용하면 당신이 방문하는 사이트와 관련이 없는 서비스도 당신에 관한 정보를 얻을 수 있다. 이것을 '써드 파티 쿠키'라 하는데, 이 글을 읽는 즉시 브라우저 설정에 들어가 이 기능을 끄기를 권고한다. 이렇게 하면 당신의 신원을 더 잘 통제하고, 당신에 관한 정보를 알도록 허용할 사람을 선택할 수 있다. 기능을 끄지 않으면 식당 문에 들어서기도 전에 종업원이 당신을 알고 있는 상황이 더 쉽게 발생할 것이다. 퍼스트 파티^{first-party} 쿠키를 포함한 모든 쿠키를 끄도록 설정할 수도 있지만, 그렇게 하면 웹을 탐색하기가 훨씬 번거로워진다. 쿠키는 편리한 기능이다. 쿠키 덕분에 당신은 이미 로그인한 서비스의 비밀번호를 기억할 필요가 없다. 쿠키가 당신의 컴퓨터에 저장되어 완전히 '로그인'된 것으로 표시되기 때문에 비밀번호를 찾기 위해 메모 더미를 뒤지지 않아도 된다. 걱정하지 마라. 쿠키가 본질적으로 유해하지는 않다.

가까운 미래에는 컴퓨팅의 편리함과 당신의 디지털 개인 정보를 맞바꾸게 될 것이다. 더 많은 프라이버시를 포기할수록 더 많은 편의를 얻는다. 달리 말해 자신의 개인 정보를 공유함으로써 원치 않는 서비스를 받는 고통 대신 원하는 것을 얻는 즐거움이 보장된다. 예를 들어, 모든 브랜드 호텔은 내가 엘리베이터 바로 옆 방에 머물고 싶지 않아 한다는 것을 알고 있다. 비슷한 맥락에서 모든 항공사는 내가 통로 좌석을 선호하는 취향을 알고 있다. 그들이 나에 관해 알고 있다는 것이 꺼림칙할까? 전혀 그렇지 않다. 나의 희망사항이 충족될 가능성이 더 크기 때문이다. 내가 신경 쓰이는 것은 내 정보가 허락 없이 공개되는 것이다. 하지만 요즘에는 서비스 약관에 동의하라는 장황한 텍스트 창이 불쑥 나타나 언제 그 회사에 허락했는지 알기 어렵다. 당신은 무엇에 동의했는가?

웹 사이트가 사용자의 위치 정보를 공개하도록 요청하는 것과 같이 사용자를 원격으로 감시하고 계측하도록 명시적으로 선택하는 순간이 있다. 모든 기술 계층이 이와 비슷한 일을 한다면, 당신은 궁극적으로 인터넷을 사용할 수 없게 될 수도 있다. 우리가 이미 넘겨준 권한이 많기 때문이다. 당신이 새롭게 알게 된 디지털 세계의 복잡한 특성은 인터넷 서비스 제공업체가 당신의 정보를 저장하고 판매할 가능성이 매우 크다는 사실마저 알려 준다.

미국에서 이와 같은 행위는 모두 합법이다. 이동 통신 업체, 클라우드 회사, 당신이 가장 좋아하는 앱이나 사용하는 휴대 전화 기기도 마찬가지다. 모두 독립적으로 365일 24시간 당신의 정보를 수집한다. 당신이 의도했든, 의도하지 않았든 당신의 데이터가 공유되는 방식을 아는가에 대한 질문은, 디지털 제품의 관점에서 내가 무척 관심을 갖는 디자인의 새로운 차원이다. 책으로 써도 몇 권은 족히 나올 주제이지만, 나는 이것이 정말 중요하다는 사실만 남겨 두겠다. 이해가 잘되지 않는다면, 2004년 미국 시민 자유 연합^{American Civil Liberties Union}

의 선구적인 작품인 '무서운 피자^{Scary Pizza}'를 확인하라. '무서운 피자'는 동네의 피자 가게에 순수하게 피자 주문을 하려는 전화 한 통에도 발신자의 건강 정보와 고용 이력을 포함한 정보들이 엮이는 미래를 묘사한다. 피자 가게는 다이어트가 필요한 발신자의 치즈 추가 주문 시도에 추가 요금을 발생시킨다. 자연스럽게 발신자는 피자 가게가 자신에 관해 얼마나 많이 알고 있는지에 대해 놀라게 된다.

아마존에 신용 카드 정보를 한 번 입력했다면, 다음 구매 시에 또 입력할 필요가 없다. 마법처럼 놀라운 일이다. 지메일은 모든 이메일을 분석하여 당신이 메시지에 답변하는 습관을 파악한 뒤 자동으로 답변을 제안한다. 이 역시 마법처럼 느껴진다. 클라우드 회사가 우리의 정보에 모두 접근할 권한을 주면, 그들은 우리를 위해 놀라운 일을 하고 완벽한 온도와 품질의 차를 내온다. 유일한 문제는, 만에 하나 해커가 아마존에 침입해 신용 카드 정보를 훔치거나, 구글에 저장된 모든 이메일에 접근한다면 어떻겠는가? 무슨 기분이 드는가? 끔찍하지 않은가? 이게 과연 그런 위험을 감수할 만큼 가치가 있는 일인가? 그렇다. 위험을 완화하기 위해서는 컴퓨팅 시스템이 어떻게 작동하는지, 그리고 무언가 잘못되었을 때 어떤 일이 발생할 수 있는지를 이해하고 존중해야 한다. 디지털 시대에 도입된 기적 같은 편리함을 모두 치워버리고 싶다는 것은, 어머니에게 언제나 하트 이모티콘을 문자로 보낼 수 없다는 뜻이고, 자녀들의 학예회에 참석해 공연을 보면서 글로벌한 업무를 처리할 수 없다는 것을 뜻한다. 기술이 나의 시간을 절약해 주거나 혼자서 할 수 없는 일을 해낼 때마다, 나는 감사하면서도 성취감을 느낀다. 그러면서도 내가 얻는 것과 클라우드가 가져가는 것 사이의 간극을 고민한다.

우리는 고객이 원하는 것과 필요한 것을 이해하여 그들에게 극도의 편의를 제공하도록 디지털 제품을 강화하는 정보 수집에 열광한다. 예를 들어 리츠칼튼Ritz-Carlton 호텔은 고객에 관한 사전 지식을 바탕으로, 기술적이지는 않지만 전설적인 서비스를 제공한다. 고객이 룸서비스 식사에서 (진짜) 쿠키를 먹지 않은 채 남겼다는 사실을 알면 그들은 쿠키가 고객의 취향이 아니었다는 것을 인지하고, 다음 식사에는 다른 디저트를 제공한다. 리츠칼튼 호텔에 한 번 묵으면서 뛰어난 시설과 서비스를 즐긴 경험으로, 나는 그들의 오모테나시를 받기 위해 내 모든 정보를 쉽게 줘버릴 것이다. 그렇다면 고객의 취향을 마음에 새길 것인가, 아니면 데이터로 보관할 것인가? 당신이 계측 시스템과 고객의 데이터를 통해 일하기 시작할 때, 오모테나시를 완전히 마음으로 받아들이고 고객의 데이터가

곧 자신의 데이터라는 생각으로 관리해야 한다. 데이터가 공
유된다는 사실을 분명히 알면 고객들은 프라이버시를 잃어버
릴 때와 그 대가로 무언가 가치있는 것을 얻을 때를 두고 저울
질할 수 있게 된다.

3/ 데이터 과학과 데이터 휴머니즘

보통 사람이 하루에 스마트폰을 백 번 열어보고, 손에 쏙 들어오는 디지털 기기가 세상에 수십억 대 있다고 가정한다면, 이 기기들에 접근해 얻어오는 정보를 흔히들 '빅데이터big data'라고 부를 만하다. 세계 곳곳에서 모든 상호 작용을 통해 만들어진 엄청난 양 때문에 그 데이터로 무언가를 할 수조차 없을 것이라는 생각이 들 정도다. 하지만 당신은 이제 디지털 기기의 작동 방식과 친숙해졌다. 그러므로 수천, 수백만, 수십억, 수조 개가 넘는 데이터를 분석하는 것이 가능하고, 이미 그렇게 하고 있는 시대라는 사실을 안다.

클라우드에 존재하는 디지털 기기는 기술적인 관점에서 믿기 힘든 속도와 규모로 데이터를 수집한다. 하지만 윤리적인 관점에서도 똑같이 믿기 힘들 만큼의 우려가 존재한다. 또 주의해야 할 것은, 앞에서 설명했듯이 우리가 기술 기업들로 보내는 데이터가 과연 우리의 행복을 위해 생산적으로 활용될 것인지 여부다. 데이터가 우리에게 불리하게 사용될지도 모르지 않는가?

이러한 데이터 수집이 기술적으로 작동하는 방법은 이제 명확하게 받아들일 수 있을 것이다. 지치지 않는 루프의 힘으로, 미개척지에서 돌아가는 어떠한 코드에서든 무한한 정보를 가져올 수 있게 되었다.

```
for( t = 1; < 종료 조건 없음 >; t = t + 1 ) {
    < 개인 기기가 클라우드에 정보를 공유함 >
}
```

그리고 전 세계 모든 기기에 연결된 서버에서 정보를 처리하는 클라우드의 관점에서 보면, 모든 서버로 뻗어나가고 개인의 기기에 깊이 들어가는 간단한 중첩 루프만 있으면 된다.

```
for( server = 1; server < number_of_servers;
    server = server + 1 ) {
    for( device = 1; device < number_of_devices;
        device = device + 1 ) {
        < 각 서버에 연결된 모든 기기로부터 데이터를
        수집해 조사함 >
```

```
        }
    }
```

클라우드의 모든 서버를 탐색하여 각 서버에서 가능한 모든 기기에 접근하는 간단한 방식이다. 현대적인 컴퓨팅 분석 방법으로 무장한 클라우드는 과학적으로 정확하며 무어의 법칙에 따라 시간도 단축되어 당신이 볼 TV 프로그램, 책, 혹은 사려고 하는 옷을 예측할 수 있다. 운동을 좋아하는 사람이 10억 걸음을 걷는 데 대략 67년이 걸린다고 생각해 보자. 이제 내가 위에서 언급한 간단한 방법으로 클라우드를 구동하면, 완료하는 데 67년이 걸리지는 않겠지만, 이 일을 마치는 가장 빠른 방법도 아니다. 이것이 바로 뛰어난 소프트웨어 엔지니어가 무어의 기적만을 기다리지 않고 불가능을 가능으로 만드는 마법이다. 이 얼간이들에게 감사하자.

10여 년 전만 해도 '공대 얼간이'라 불리는 것은 쿨하지 못하다는 뜻이었지만, 기술 세계가 도래한 요즘에는 그러한 고정 관념이 변화하고 있다. 수년 동안 나는 도서관의 과학 얼간이에서 마케팅 얼간이에 이르기까지 다양한 공대 얼간이들을 만났고, 그와 비슷한 사람들이 계속해서 세상에 나오고 있다. 2012년에 레기나 듀간Regina Dugan 박사가 TED 청중들과 공유한 중요한 내용을 살펴보자. "얼간이들이 세상을 바꿉니다. 얼간이들에게 잘 해 주세요." 그리고 세상에는 당신이 특별히 잘 해주고 싶을 새로운 종류의 얼간이가 나타났다. 데이터에 미친 얼간이들이다. 공식적인 용어로는 '데이터 과학자'들이다.

〈하버드 비즈니스 리뷰Harvard Business Review(하버드대학에서 발간하는 비즈니스 전문 잡지-옮긴이)〉는 데이터 과학자를 '21세기 가장 섹시한 직업'으로 소개하면서 그들의 역할을 널리 알렸다. 그 정의는 다음과 같다.

> 데이터 과학자들의 가장 기본적이고 보편적인 기술은 코드를 작성하는 능력이다. 다만 많은 사람들이 명함에 '데이터 과학자'라는 직함을 달게 될 5년 후에는 달라질지도 모른다. 모든 이해관계자가 알아들을 수 있는 언어로 소통하고, 데이터를 사용해 말로, 시각적으로, 혹은 이상적이게도 둘 다로 이야기를 풀어내는 특별한 능력을 보여줄 필요가 있다.

레기나의 발표에 참석한 같은 해에 이 글을 읽고, 나처럼 데이터를 코드로 이해하기를 좋아하는 또 다른 얼간이 부족을 발견해 매우 기뻤다. 그러나 기술 기업에서 사용할 수 있는 데이터의 양을 완전히 이해하고 230페이지의 서버와 기기가 중첩된 루프의 중심에 있는 { 코드 블록 }에 관해 좀 더 진지하게 생각해 보고 싶었다. 그래서 나는 실리콘 밸리에서 거주하기 시작했다.

{ < 각 서버에 연결된 모든 기기로부터 데이터를 수집해 조사함 > }

데이터를 통해 조사하는 행위는 두 가지로 생각해볼 수 있다. 한 번에 10,000제곱미터를 처리하는 거대한 농기계가 대량의 작물을 빨아들이는 것일 수도 있고, 혹은 훈련된 고급 인력이 잘 익은 과일만 조심히 줍고 나머지는 내버려 두는 것일 수도 있다. 전자는 질보다 양을 중요시하기 때문에 그것이 무엇을 수확하는지 굳이 분간하지 않는다. 반면 후자는 양보다 질을 우선시한다. 하지만 손으로 과일을 줍는 사람보다는 밭을 쉽게 순항하는 수확 기기가 훨씬 그럴싸해 보인다는 것은 분명하다. 하지만 이 모두를 이해하려면 아직은 기계보다 나은 인간의 해석 기술이 필요하다.

이것이 데이터 과학의 출발점이다. 전문가들은 모든 정보를 수집하고 분석하는 것을 목표로 특별한 컴퓨터 프로그램을 작성한다. 오랜 기간 나의 이메일부터 소셜 미디어 활동까지 전부를 모아 분석한 데이터에서 위대한 깨달음을 얻은 사람으로서, 나는 그것이 꼭 커리어와 관련이 없더라도 정말 재미있는 일이라고 말해줄 수 있다. 당신도 나처럼 궁금하다면,

왜 데이터 과학은 당신이 대학에 있었을 때 주요 과목이 아니었을까? 통계적 분석은 오직 명분상 유용했기 때문이다. 두 가지 사실이 이를 뒷받침한다. 1) 데이터가 많을 때만 통계적 정확도가 높고, 2) 손으로 데이터를 처리하는 것은 끔찍하리만큼 지루하다. 하지만 컴퓨팅은 1)의 근원이자 2)의 해결책이다. 컴퓨팅이 우리가 데이터를 너무 많이 가지고 있는 원인이자 그것을 이해하는 해결책이라니, 자웅동체가 따로 없다.

데이터 과학은 그저 컴퓨터 프로그램을 작성하는 것만을 의미하지는 않는다. 그것은 수집된 데이터에서 쓸모없는 것은 버리고, 이해관계가 있는 것만 취하여 데이터에 의미를 부여하고 궁극적으로 먼저 수집할 데이터를 결정한다. 통계 용어는 처음에는 듣기에 위협적일지 모르겠으나, 이를 '기술적' 혹은 '추론적'으로 구분할 수 있다는 사실을 깨달으면 쉬워진다. 그나마 쉽다고 생각할 기술적 통계는 데이터를 '평균' 또는 '표준 편차' 등의 용어로 표현하는 다양한 방법을 의미한다. 마치 소고기를 '양지머리'나 '등심'으로 분류하는 것과 같다. 추론적 통계는 데이터로부터 만든 추론과 관련된 모든 신기한 것들을 포함한다. 당신은 '회귀 분석(둘 또는 그 이상의 변수 사이의 인과관계를 분석하는 추측통계의 한 분야)'이나 'p-값(가설이 맞다고 가정할 때 얻은 결과보다 극단적인 결과가 실제로 관측될 확률)' 같이 낯선 용어들을 마주할 것이다. 데이터 과학에 관련된 대화를 들을 때, '결정 계수(추정한 선형 모형이 주어진 자료에 적합한 정도를 재는 척도)가 높은' 추론적 통계 모델이 좋고, '낮은 p-값' 모델은 더할 나위 없이 좋다는 것을 기억하라.

〈하버드 비즈니스 리뷰〉에서 언급했듯이, '모든 이해관계자들이 이해할 수 있는 언어로 데이터 과학자들이 소통할 필요성'은 데이터 과학을 하는 방법을 아는 것보다 중요하다. 높은 결정 계수와 낮은 p-값 모델을 기반으로 결론을 내는 능력은 좋은 소통 기술을 요구할 뿐 아니라, 데이터 기반 추론을 명백한 사실로 오해하는 경향을 인식하는 것을 요구한다. 정량적 정보는 그것이 틀린 정보이더라도 어떤 규모의 조직에서든 힘을 발휘한다. 그러므로 데이터 자체가 사실이나 정답을 생산하지는 않는다는 것을 명심해야 한다. 인간의 통찰력과 해석 능력을 요구하기 위해 밑그림을 그리는 작업일 뿐이므로 100퍼센트 정확할 수는 없다.

매력적인 그래프와 멋진 확실성 계산, 그리고 충분한 데이터로 도출하여 합리적으로 보이는 결론이 있었지만, 나는 우리가 사용할 수 있고 배울 점이 있는 다른 종류의 데이터를 선호하게 되었다. 바로 정성적 종류의 데이터다. 정성적 데이터의 수집은 무어의 법칙을 따르지 않고 실제 사람들의 이야기를 듣는 방법으로 성장한다. 물론 이 방법은 그 자체의 엄격한 기준과 과학을 따른다. 사용자 연구 전문가이자 디자인계의 전설인 에리카 홀^{Erika Hall}은 이렇게 말했다.

> 기능적 디자인에 접근하는 가장 좋은 방법은 정량적, 정성적 방법을 융합하는 것이다. 많은 사람들이 무슨 일이 일어나는지 알려줄 것이고, 개개인은 그 일이 왜 일어나는지 이해하는 데 도움을 줄 것이다.

전자가 데이터 과학이라면 후자는 데이터 휴머니즘이다. 과학은 질문에 대답을 하려고 하지만, 휴머니즘은 그것이 왜 사람들과 관련이 있는지 질문을 던진다. 과학은 가난한 사람들이 아이들에게 불량 식품을 먹이는 경향이 더 크다는 통계를 보여주는 정량적 연구를 하게 만든다. 휴머니즘은 혜택 받지 못한 부모들이 자녀들에게 사랑을 표현하는 몇 안 되는 방법 중 하나가 인스턴트 음식이라는 사연에 귀 기울인다. 소외 계층이었지만 과체중으로 자랐고 이후 세계 최고의 기관에서 양적으로 생각하도록 교육받으면서, 나는 내가 아무리 똑똑해도 다른 사람들의 이야기를 주의 깊게 듣는 것보다는 가치가 없다는 생각을 하게 되었다.

정성적 통찰력은 당신과 같은 사람과 신중하게 이루어지는 대화를 통해 힘을 얻는다. 이것은 궁극적으로 누구를 위해야 하는가를 계속해서 상기시킨다. 정량적 데이터와 정성적 데이터의 통합은 완벽하게 상호 보완적이다. '정량과 정성' 접근 방식과 당신이 속한 팀에서 쌓아온 직관적 경험을 결합한다면, 소비자를 대신하여 데이터를 책임감 있게 관리해 줄 수 있다는 결론에 다다를 것이다.

4/ 아이디어를 실험하라. 당신이 맞기를 기도하는 것보다 안전하다

측정 시스템이 아이디어를 시험해 보는 데 유용한 이유를 이야기하려고 우리는 먼 길을 돌아왔다. 더 깊게 들어가기 전에, 일단 측정이 일어나는 방법과 사용자 정보 보관의 선과 악, 그리고 데이터의 홍수를 발판 삼아 새로운 기술이 등장하는 방법과 친숙해질 필요가 있다. 기술 그 자체는 사소하지만, 오늘날 우리 모두를 연결하는 컴퓨팅 클라우드의 전 세계적인 발자취와 속도, 그리고 그림자를 고려하면 그 의미는 엄청나다. 데이터 수집에 사용되는 아이디어를 세상에 내놓으면, 그것이 실제로 어떻게 사용되는지 관찰함으로써 성공 혹은 실패를 판단하기가 쉽다.

그러나 아이디어가 좋은지 아닌지를 학습하는 것보다 나은 방법은 아이디어를 몇 가지로 뚜렷하게 변형시켜 동시에 배치한 다음 그중 무엇이 가장 나은지를 보는 것이다. 아마 변형시킨 것 중 하나가 다른 것보다 특별히 뛰어날 것이다. 이는 전체 아이디어를 내놓는 대신 다양한 실험을 시도해 봄으로써 발견할 수 있다. 마치 낚싯대에 세 가지의 다른 미끼를 연결하여 어떤 미끼가 가장 많은 물고기를 잡는지 확인하는 설계와 같다. 물고기를 가장 많이 잡은 미끼를 다음 변형의 기반으로 사용하면, 계속해서 더 좋은 미끼를 찾을 수 있다. 이런 방식으로 아이디어의 변형을 쉽게 시험하는 능력은 무작정 추측했을 때의 위험을 줄이고 제품의 디자인을 개선시킨다.

지난 챕터에서 다룬 방정식을 활용하여 성공적인 개선과 악화를 비교해 보자.

1.01 ^ 365 = 37.8 vs 0.99 ^ 365 = 0.03

시스템을 어떻게 개선할지 추측하는 데 훨씬 나은 방법은, 1퍼센트 대신 2퍼센트를 사용하는 것이다.

1.02 ^ 365 = 1377.4 (37.8과 비교해 보라)

만약 우리가 실수로 일을 망쳐버려 하루에 1퍼센트 말고 2퍼센트씩 악화된다면 어떻게 될까?

0.98 ^ 365 = 0.0006 (0.03과 비교해 보라)

이는 우리가 나쁜 선택을 자주 했을 때 무슨 일이 일어나는지 알려 준다.

이런 걱정은 제쳐두고, 1년에 천 배의 성장을 이뤄내는 것이 불가능하지만은 않다는 점은 기뻐할 일이다. 하지만 경솔하게 굴어서는 안 된다고 경고하고 싶다. 예를 들어 후보자에 대한 유권자의 의견이 바뀔 수 있다는 불길한 전망을 뒤집으려고, 퇴직한 사람에게 일주일 치의 장을 보는 비용을 지원하겠다는 등의 고귀한 목표가 담긴 공약을 함부로 휘둘러서는 안 된다. 이번 챕터 내내 시도했듯이, 나는 클라우드가 단순한 디지털 네트워크가 아니라 인간을 연결하는 네트워크이기도 하다는 점을 강조하기 위해 이 주의 사항을 제시한다. 설교하는 것처럼 들린다면, 그럴 의도는 없었다고 말해두고 싶다. 그저 잊어버릴까 봐 미래의 나에게 상기시키려 적어 두는 것이다. 나쁜 습관이 정착하기 얼마나 쉬운지 나는 잘 잊어 버리곤 한다.

그래서 우리가 클라우드의 많은 디지털 기기에 실행하는 실험의 대상은 실제 사람들이지 보이지 않는 컴퓨터 속의 가상 세계가 아니다. 예를 들어, 2014년에 페이스북은 68만 9,003명의 사용자를 대상으로 진행한 실험을 공유했다. 이 실험은 사용자가 친구의 긍정적인 게시물보다 여러 가지 부정적인 게시물에 더 자주 노출되거나, 혹은 그 반대의 경우가 되었을 때 어떻게 되는지에 관한 것이었다. 페이스북은 이 방법을 사용하여 통계적으로 유의미한 숫자의 사람들의 감정을 조종하는 것이 가능하다고 결론을 내렸다. 달리 말해, 이 실험은 수십만 명의 사람들을 화난 괴물로 바꿀 잠재력을 보여 주었다. 이제 나는 당신이 아이디어를 적용해 보기 위해 이와 같은 실험을 고객들에게 해볼 것이라 의심한다. 하지만 그들의 명시적인 허락과 완전한 이해 없이 이렇게 해서는 절대로 안 된다는 점을 명심하라.

성공적인 실험의 좋은 예로, 버락 오바마는 2008년의 대선 공약으로 barackobama.com(버락오바마닷컴)에서 모금 운동을 벌였다. 기부만 하고 끝나 버리는 완성된 웹 페이지를 제공하는 대신, 오바마 팀은 24가지의 다른 버튼에 미디어 콘텐츠를 연결시켰다. 그리고 하나의 변형이 40.6퍼센트 더 성과를 내어 6천만 달러 이상의 수익을 올릴 수 있음을 확인했다. 첫 번째 오바마 선거 캠프를 위해 이러한 노력을 이끈 사람은 옵티마이즐리^{Optimizely}라는 회사를 성공적으로 시작하여 누구든 그런 실험을 쉽게 진행할 수 있도록 했다. 당연히 오바마의 2012년 모금 캠페인에서도 같은 실험이 진행되었다. 한 가지 예를 들자면, 이메일 제목을 다르게 해서 실험을 하자 다음과 같은 결과가 나왔다. '설문 조사가 옳았던 것은…'이라는 제목

은 40만 3,600달러를 모금했고, '저는 지쳤습니다.'라는 제목
은 254만 866달러를 모금했다.

정확도가 초자연적으로 높아진 3D 프린터를 사용하여 플
라스틱이나 금속으로 물질의 원형을 빠르게 제작해 사용하는
특정 분야를 제외하고는, 물리적 제품의 변형을 시험하는 데
는 여전히 많은 비용이 든다. 물리적 변형을 사람들에게 시험
해 보기 위해 물건을 지구 어딘가로 옮기려면 막대한 시간과
배송 비용이 소모된다. 반면 3D 프린터는 도처에 존재하기 시
작했기 때문에 변형을 제작하기가 훨씬 쉽다. 그렇지만 3D 프
린터가 세상 모든 곳에 있다고 해도 순수한 컴퓨팅 제품을 여
러 가지 변형으로 만드는 비용이 더 낮다. 변형이 프로그램 논
리를 바꾸는 것이 아니라 이미지를 복사하는 등의 단순한 일
이면 더욱 그렇다. 간단한 변형은 즉시 만들어낼 수도 있고, 한
명의 사용자에게 적용하든, 모든 사용자에게 동시에 적용하든
어떤 규모에서도 가능하다.

이런 종류의 분할 테스트, 또 다른 표현으로 'A/B 테스트(두
개의 변형 A와 B를 사용하는 종합 대조 실험)'를 효과적으로 실행하
는 방식을 배우는 가장 좋은 방법이 있다. 2007년 발표된 연
구 논문 '웹에서 제어된 실험에 관한 실용적 가이드: 히포가 아
니라 고객의 소리를 들어라Practical Guide to Controlled Experiments

on the Web: Listen to Your Customers not to the HiPPO'이다. 주요 내용은 바로 논문의 제목에 있다. '히포HiPPO'를 듣지 말라. 여기서 '히포'는 '돈을 가장 많이 낸 사람의 의견Highest-Paid Person's Opinion'의 줄임말이다. 다시 말해, 당신이 신중하게 진행하는 작업을 상사의 의견에 따라 휘둘리게 하지 말고, 고객들의 데이터가 엄격하게 관리되는 실험으로 결론을 도출하라는 의미이다.

변형 실험이 성공하려면, 주로 히포가 정하는 시작점을 바로 잡는 것이 중요하다는 점을 명심하라. 그리고 가치 있는 실험을 위해서는 팀의 창의력을 활용하여 충분히 다양한 변형을 만들어야 한다는 것을 기억하라. 그러므로 다양한 해결책을 얻으려면 당신 주변의 다양한 의견을 극대화해야 한다. 이는 주변에 비슷한 문화를 가진 다양한 팀을 확보함으로써 쉽게 가능해진다. 그렇지 않으면 실험의 질이 하락할 것이다.

기본적인 핵심 아이디어에 변화를 주어 실험하는 것은 성공에 거의 가까워졌을 때 더 유용하다. 이는 눈을 가린 채 사람들이 해 주는 말만 듣고 숨겨진 상품을 찾는 '뜨겁다 차갑다' 놀이와 비슷하다. '뜨겁다'라는 말을 들으면 목표물이 가까이 있다는 뜻이므로, 가장 좋은 전략은 종종걸음을 걷거나 까치발로 살금살금 걸으며 상품에 가까워지는 것이다. 반대로 갑자기 범위를 완전히 벗어나 무작위로 뛰어다니는 것은 이치에 맞지 않는다. 이미 상품에 가까워지고 있었기 때문이다. 무작위로 뛰어다니다가 아무도 몰랐던 더 크고 좋은 상품을 발견하지 않는 이상, 당신은 찾기에 너무 집착한 나머지 '로컬 최댓값'에 '글로벌 최댓값'을 베팅한 셈이 된다. 그러니 엉뚱한 바다에서 낚시를 하는 중 더 큰 베팅을 해야 하는 순간에 아무도 당신의 이야기를 들어주지 않는다면, 히포를 타도하기 위해 모든 노력을 기울여라. 그렇게 하지 못한다면, 실리콘 밸리의 교리대로 회사를 떠나서 스타트업을 차리는 편이 나을 것이다.

컴퓨팅 시스템이 신중하게 측정되고 직원이 잘 꾸려졌을 때, 사용자들에게 직접 전달되는 클라우드 기반의 실험 아이디어는 효율적이면서도 위험도가 낮다. 실험 접근 방식의 핵심과 아마존, 에어비앤비, 넷플릭스처럼 그 방식을 채택한 이들의 성공은 클로드 홉킨스Claude Hopkins의 단순한 고객 중심의 지혜와 일맥상통한다. 1923년에 홉킨스는 이렇게 말했다.

실험 캠페인으로 어떤 질문이든 저렴한 비용으로 빠르게 결과를 얻을 수 있다. 탁상공론이 아닌 이런 방법이 고객에게 응답하는 방법이다. 최후 의사 결정권자는 바로 제품 구매자이다.

고객을 대상으로 실험하는 데는 비용이 들고 위험이 따르지만, 수정이나 개선을 더 하지 않아도 될 기회비용을 함께 따져 봐야 한다. 그리고 실험은 기본 사례와 비교하기 위해 클릭이나 판매를 유도하는 것처럼 측정 가능한 결과를 염두에 둘때만 유용하다. 새로운 아이디어를 대하는 문화적 분위기가 '일단 실험해 보세요'인 상황에 처해 있지는 않은지 특히 주의해야 한다. 이것은 새로운 아이디어에 개방적인 문화가 있다는 것을 의미한다. 다시 말하자면 반대하는 의견을 마주했을 때 생각하고 싶지 않아서 게으름을 피우기 시작한다는 것을 암시한다. '일단 실험해 보세요'는 정말 좋은 아이디어를 시작하는 데 필요한 노력에 투자하지 않는 변명으로 쓰이기 쉽다. 테스트는 수천 배의 개선과 수백만 달러의 가치가 있는 실제 작업이다. 물론 올바르게 했을 때 말이다.

5/ 불균형한 사회를 이끄는 자동화

　디자인의 성지는 우리에게 가능한 완벽하고 완성된 상태의 제품을 만들라고 하는 반면, 기술의 성지는 제품을 불완전하고 측정 가능하도록 만들라고 한다. 전자는 지난 세기에 진입 장벽이 높은 사업을 하는 전형적인 방법이었고, 후자는 (사업의) 진입 장벽을 크게 낮추었다. 그 후, 클라우드를 통한 끊임없는 개선과 실험을 추구함으로써, 사용자를 더 잘 이해하고 그들에게 최상의 서비스를 제공하는 데 도움이 되는 정보가 따라온다.

　결과적으로 기술 기업들은 당신이 원하는 바를 잘 추측할 수 있게 되었다. 그들은 실시간으로 우리가 그들에게 전송한 데이터를 취합하거나, 그들의 머신 러닝 알고리즘을 통해 우리의 과거 행동을 분석해 예측을 한다. 비즈니스는 적은 위험과 매우 적은 한계 비용으로 고객에게 엄청난 결과를 무한한 규모와 빛의 속도로 제공한다. 우리는 이토록 놀라운 시대에 산다.

들뜬 기분에 야망이 차오르면서, 다가올 미래가 어떠할지, 그리고 당신이 미래에 어떤 역할을 할 것인지 궁금해 하는 작은 목소리가 당신의 머릿속을 떠다닐 것이다. 당연히 당신은 데이터의 수집과 분석을 걱정하고, 책에서 배운 내용을 바탕으로 조치를 취해 매월 새로운 가설을 실험해 보는 사람이 될 것이다. 운이 좋다면 2주에 한 번이 될지도 모르지만, 어느 시점에 진행하고 있는 실험이 너무 많다면 모두를 추적하기는 어려워질 것이다. 그러므로 얼마나 많은 개선을 1.01 ^ 365 = 37.8의 속도로 빠르게 만들어낼 수 있는지에 제한이 있어야 한다. 하지만 사람의 개입이 필요하지 않은 빠른 실험과 개선을 실행하기 위한 '자동 조종 모드'가 존재하고, 매초 0.01퍼센트의 개선을 한다면 결과는 다음과 같다.

1.0001 ^ (365 * 24 * 60 * 60 * 60) = 무한대

구글에 검색해 보니 감사하게도 울프럼 알파$^{Wolfram\ Alpha}$라는 웹 사이트에서 계산이 가능하다.

2.2708501095186067052294867248415764127749714222267
20 ⋯ × 10^82171

2.27에 0이 8만 2,171개나 붙은 것이다. 인간이 이를 상대하는 것이 얼마나 힘들까 생각하니 내 머리가 아파왔다. 잠깐, 그것은 불가능하지 않은가? 1970년대와 1980년대의 얼간이들이나 갖고 싶어 할 플라스틱 전선 상자와 작은 전자 부품들이 어떻게 우리를 이렇게 불안하고 겁먹게 만들었을까? 그리고 고작 여행용 비누만한 편리한 물건들이 우리의 주머니와 지갑 속에서 어떻게 미래의 우리를 쓸모없게 만들려고 하고 있을까? 호기심이 화로 이어질 때쯤, 이런 의문이 들기 시작할 것이다. "누가 나에게 이런 짓을 한 거야? 기술 기업들인가? 그렇겠지! 어떻게 보상하라고 하지?"

오늘날 우리 삶의 모든 면에 스며든 디지털 기기의 세계에 대해 기술 산업을 비난하는 것은 어쩌면 당연하다. 그러나 이는 그들만의 잘못이 아니다. 당신의 잘못이기도 하다. 당신은 세계의 주커버그Zuckerberg(페이스북 창립자−옮긴이)들이 오랫동안 기계의 언어를 유창하게 사용해 왔다는 사실을 몰랐기 때문이다. 디지털이 우리가 물리적 세계에서 보고 느낄 수 있는 것이었다면, 우리는 새로운 속도 제한 표지판과 계기판 같은 것에 익숙해져야 했을 것이다. 시속 100킬로미터를 돌파한 최초의 자동차가 라 자메 꽁땅뜨La Jamais Contente, '절대 만족하지 않는다'라는 뜻을 가진 이름의 어뢰 모양 전기 자동차였다는 것을 생각해 보라. 1899년에 프랑스에서 벨기에 엔지니어들이 이 자동차를 개발해 시험 주행을 했다. 만약 라 자메 꽁땅뜨가 무어의 법칙에 따라 진화했다면, 1925년에 빛의 속도를 넘어섰을 것이다. 확신하건대 1910년에 벨기에나 프랑스 사람이 음속보다 빠른 속도로 지구의 표면을 빠르게 돌아다니고 있었다는 것을 알았다면 어떤 조치라도 취했을 것이다. 우리는 정치, 미디어, 비즈니스에 미치는 영향만을 인지하느라 컴퓨터에 일어난 조용한 변화는 오랫동안 보지 못했다.

우리에게 가장 큰 기회이자 문제는 현재뿐 아니라 수집 가능한 과거의 데이터까지 수집되고 있다는 것이다. 머리 위를 둥둥 떠다니는 기술 산업의 클라우드 시스템이 우리가 무엇을 하고, 어디에 있고, 무슨 생각을 하는지 수집해 건조한 스폰지의 끝없는 행렬에 수분을 공급하고 부풀게 한다고 상상해 보라. 클라우드가 가진 잠재력을 가늠하지 못한다면 불길하고 어둡고 끔찍하게 보일지도 모른다. 요즘 많은 사람들이 느끼듯이 말이다. 그러나 데이터와 윤리 전문가가 오랫동안 그와 같은 주제로 고민해 온 덕분에, 우리가 데이터 수집의 윤리적 측면과 비윤리적 측면을 구별하기 시작했다는 점에 감사한 마음을 갖는다. 디지털 세계는 오랜 시간 보이지 않았으나 이제 보이기 시작했고, 우리가 이를 완전히 믿으려면 더 투명하고 이해 가능해야 한다. 잘못되었을 때 내부를 살펴보거나 조사할 수 없는 불투명한 검은 상자는 더 이상 괜찮지 않다.

우리는 신용 카드 회사가 소유한 데이터가 익명으로 구글 같은 회사에 판매될 수 있으며, 당신의 스마트폰 신호나 당신이 온라인에 공유한 정보를 통해 카드 사용 정보와 위치 정보의 대조로 익명성이 간단히 제거될 수도 있다는 사실을 이제 막 이해하기 시작했다. 우리는 오랜 기간 인지하지 못했던 무어의 속도로 진행되는 일과 씨름하기에도 아직 부족하다. 90년대 후반에 라 자메 꽁땅뜨가 빛의 속도를 넘는 것을 목격했다면, MIT 미디어 랩에서 당시 명백히 인식할 수 있었던 그 세계는 오늘날 조금 달라졌을지도 모른다고 확신한다.

대신 물리적 세계 전체는 기술 기업들이 완전히 통제하는 보이지 않는 디지털 세계가 있다고 깨닫기 시작했다. 하지만 우리는 이런 기술을 개발하는 많은 얼간이들을 믿어 주어야 한다. 그들은 악의가 전혀 없고 오로지 호기심이 우선인 사람들이다. 그리고 우리는 나쁜 사람들을 벌해야 한다. 얼간이들의 불건전한 공유가 허용 범위를 넘어서는 경우가 분명 존재하기 때문이다. 공학인들 사이에서 점차 일어나고 있는 깨달음이 있다. 그들이 명석함을 발휘해 코드를 작성하는 동안에도, 불완전한 컴퓨팅 시스템이 '자동 완성'을 곧 배우게 된다면 무슨 일이 일어날지 궁금해하기 시작했다. 가장 영리한 자동화 기기도 더 영리하게 자동화되는 것으로부터 안전하지 않다. 다행히 이것은 모두를 약간 긴장시켰고, 세상에 그들이 내놓은 것이 무엇인지 다시 한 번 생각하게 만들었다.

소프트웨어 제품 산업은 크게 5단계로 진화를 표현하는데, 무엇이든 알고 있는 AI가 무엇이든 관리하는 것이 바로 마지막 단계다. 첫 세 단계는 이미 지나왔고 우리는 지금 4단계의 중간쯤에 있다. 니키 케이스^{Nicky Case}는 인간의 지능이 컴퓨터의 지능과 하이브리드로 융합된 바로 지금이 인간의 지능과 뛰어난 말의 체력을 융합한 켄타우로스^{Centaur} 시대라고 말했다. 오늘날 우리는 인간이 컴퓨터를 영리하게 만드는 동안 컴퓨터 역시 인간을 영리하게 만들었다는 사실을 안다. 그러니 그들과 싸우지 말고 함께하도록 하자.

1. **수축 포장된 상자** : 소프트웨어를 보호용 플라스틱과 함께 상자에 넣어 배송하고, 업데이트도 동일한 방법으로 배송한다.

2. **수축 포장 + 다운로드** : 소프트웨어를 상자에 담아 배송하지만, 온라인으로도 다운 받을 수도 있도록 하고, 업데이트는 온라인으로 가능하게 한다.

3. **사스**^{Software as a Service, SaaS}(서비스로서의 소프트웨어) : 클

라우드 서비스로 소프트웨어를 옮기고, 인간의 노동력으로 꾸준히 업데이트한다.

4. (현재 진행 중인) **켄타우로스의 사스** : 클라우드 서비스로 소프트웨어를 제공하며 인간에 의해 꾸준히 개선되지만 가벼운 인공 지능과 협업한다.

5. **새로운 시작** : 모든 것을 알고 있는 무거운 인공 지능이 소프트웨어를 구동할 것이므로 우리는 어느 때보다도 빠르게 진화하는 소프트웨어를 사용하게 된다.

어딘가에 켄타우로스가 있다는 말이냐며 초조하게 두리번거리고 있는가? 미안하지만 켄타우로스는 이미 당신이 오늘 사용한 스마트폰을 비롯한 여러 디지털 기기 내에 존재한다. 그들은 당신의 최근 아마존 쇼핑을 위해 바쁘게 일했으며, 당신의 재방문을 환영하기 위해 오모테나시로 쇼핑 경험을 완전히 바꾸어 놓았다. 그와 동시에 다른 아마존 고객 수백만 명에게 똑같은 서비스를 제공했다. 컴퓨팅의 오모테나시는 당신이 대접받고 싶은 방향으로 점점 진화하기 때문에, 다른 쇼핑몰이나 검색 엔진, 뉴스, 동영상 서비스 등에도 똑같이 적용된다. 이를 확인하는 가장 쉬운 방법은 친구들의 스마트폰 화면에는 무엇이 나타나는지 보는 것이다. 더 나은 방법은, 당신의 지인들과 나이와 문화, 종교, 성별 등에서 다른 특성을 가진 사람들의 화면을 보는 것이다.

미디어 랩의 공동 설립자 니콜라스 네그로폰테^{Nicholas} Negroponte는 1970년대에, 당신이 관심을 가진 것들로만 구성된 신문이라는 'Daily Me(일간 나 자신)'라는 발상을 통해 완전히 맞춤화된 고객 서비스의 미래를 예견했다. 이것은 이제 우리의 디지털 삶의 모든 면에서 현실이 되었다. 모든 켄타우로스는 우리의 두뇌를 둘러싼 쾌락을 자동화하고 지속적으로 개선하기 위해 열심히 일해 왔기 때문이다. 한편, 우리는 인생에서 즐길 거리가 넘쳐나는 최고의 순간을 경험하고 있다. 그리고 또 한편으로는 종족으로서의 개인과 집단적 성장의 범위를 궁극적으로 제한할 수 있는 일종의 인지적 만족감을 경험하고 있다. 네그로폰테 탓일까, 켄타우로스 탓일까? 아니면 기술 기업들의 탓일까?

선출된 지도자들이 기계의 언어를 구사하기 시작하면, 그들은 공익을 위해 산업에 개입하려 할 것이다. 이런 일은 이미 일어나고 있다. 하지만 현 정부의 타성과 국회 의원의 구시대적 마음가짐을 생각해 보면, 무어의 법칙이라는 실제 법이 아닌 법칙의 영향을 완전히 다룰 수 있는 법안이 통과될 가능성은 거의 없어 보인다.

만약 당신이 이 책을 종이 책으로 읽고 있다면 어느 페이지를 읽지 않고 넘어갔는지 내가 알 방법이 없기 때문에 마음 편히 읽을 것이고 나 역시 상처받지 않을 것이다. 하지만 이 책을 디지털로 읽고 있다면? …그렇다. 나는 당신이 어느 페이지를 읽었는지 안다. 하지만 어느 부분을 읽지 않았다고 해서 상처받지는 않을 테니 걱정하지 않아도 된다. 당신은 미래를 두려워하지 않고 호기심을 가지는 사람이며, 나는 이 책을 당신과 같은 새로운 켄타우로스를 위해 썼기 때문이다. 하지만 켄타우로스라는 마법의 존재가 느끼기 쉬운 우월감을 감안하더라도 처리해야 할 고유의 문제가 남아있다. 예를 들어, 우리가 변형을 통한 분할 실험의 전문가가 되었을 때조차도 3분의 1은 성공, 3분의 1은 실패, 나머지는 아무 영향도 없는 결과를 얻을 것이다. 이것을 복리 개선과 복리 실패의 방정식으로 써 보면 다음과 같다.

```
1.01 ^ (365/3) * 0.99 ^ (365/3) * 1.0 ^ (365/3) =
   0.987906…
```

결과는 0.98, 거의 1에 가깝다. 즉, 우리가 이 게임을 해도 누적된 개선은 없다는 말이다. 또한, 업데이트를 1초 단위로 하도록 늘리면 방적식의 결과는 0이다. 이 단순한 계산을 너무 열심히 읽지는 말기를 바란다. 대신 우리 인간이 컴퓨터가 절대 스스로 알아낼 수 없는 대담한 방법으로 개선점을 찾아낼 수 있을지 궁금해하며 나와 이 여정을 즐기기를 바란다. 다만 우리의 개입이 컴퓨터가 극적으로 0으로 추락하는 것을 방지할 수 있는 잠재력을 지녔음에 자신감과 책임감을 가져라.

내가 MIT에 있었을 때, 나는 스스로를 '휴머니즘 기술자'라고 칭했다. 무슨 뜻인지도 정확히 몰랐지만, 일단 기술자의 모토가 더 기술적이어야 한다는 데서 영감을 얻은 것이다. 기술자들은 진보를 만든다. 진보는 우리 주변에서 일어나는 일이다. 우리는 아무 일도 일어나지 않는 세상을 원하지 않는다. 그러나 시간이 지나면서 나는 두 용어의 차이점이 보이기 시작했다.

기술자 = 내가 할 수 있는 일을 한다.
휴머니스트 = 내가 관심을 가지는 일을 한다.

'can(할 수 있는)'의 한 글자만 두 글자로 바꾸면 'care(관심을 가지는)'가 되고, 기술은 휴머니즘이 된다. 나는 당신이 관심을 가진다고 믿는다. 당신이 관심을 가져준 덕분에 이제 인공 지능이 관리할 준비가 되지 않은 한 가지 도전을 학습할 준비가 되었다. 이 도전은 좋은 사람을 특히나 필요로 한다. 불균형한 사회에 임박한 자동화를 다루는 큰 과제가 코앞에 닥쳐와 우리는 특이점이라는 절벽에 다다랐고, 그에 관해 무언가를 시도하기에 너무 늦지는 않았다. 만약 컴퓨터가 모든 인류의 지능을 앞서더라도 기계가 우리를 이길 수 없는 특정한 일은 항상 있을 것이고, 그것을 알아내는 것이 인간의 일이다.

기계의 세계를 이해함으로써 당신은 우리가 인간으로서 함께 창조해 낸 것에 스스로 책임을 져야 한다. 그리고 바로 지금, 너무 늦기 전에 우리가 이 세계를 재창조해야 한다. 디지털 제품은 우리에 관해 수집한 데이터에 의해 즉각적인 개선을 이룰 것이고, 인공 지능이 우리의 명시적인 입력이나 활동 없이도 미래적인 반복을 추진하는 유일무이한 힘으로 부상하고 있는 상황에서 우리는 무언가를 조치를 취해야 한다.

법칙 6
디지털 기술은
불균형을 만들어 낸다

1/ 기술 산업은 배타성을 만들어 내는 경향이 있다

기술 산업이 오랫동안 내가 몸담았던 기술 교육 산업에 의해 굴러갔다는 점을 고려하면, 나는 우리가 처음부터 고민해 온 문제들도 언젠가 자연스럽게 해결될 것이라 생각했다. 내가 MIT 교수가 되고 몇 년 후, 찰스 M. 베스트^{Charles M. Vest} 총장은 1999년 MIT 과학 대학의 여성 교수 보고서에 이어서 공식 성명을 발표했다.

나는 이 보고서와, 보고서를 작성하는 동안 이루어진 토론으로부터 두 가지 중요한 교훈을 얻었다. 첫째, 나는 항상 현대 대학 내의 성차별은 일부의 현실이고 일부의 인식이라고 생각했다. 맞다, 하지만 나는 지금 현실이 인식보다 훨씬 커다란 범위를 차지한다는 사실을 안다. 둘째, 나는 다른 남성 동료들과 마찬가지로 우리가 후배 여성 교수진을 충분히 지원한다고 믿는다. 이것도 맞다. 모든 차원에서 그렇다고 할 수는 없지만, 그래도 대개는 부족하지 않게 지원한다. 하지만 부당한 대우를 받았을 여성 노인이 '나도 어릴 때는 차별이 별로 없다고 생각했었어'라고 하는 말을 듣고는 자세를 고쳐 앉았다.

나는 순진하게도 이 성명을 MIT가 공개하고 뉴욕 타임스 The New York Times가 보도한 덕분에 성차별의 커다란 부당함이 기술 세계에서 공식적으로 추방되었다고 생각했다. 그래서 나는 10년 후 실리콘 밸리에 입성하여 '실리콘 밸리 최고의 UX 디자이너' 모임에 초대되었는데, 단 두 명의 여성만이 참석한 것을 보고 깜짝 놀라고 말았다. 내가 실리콘 밸리를 떠날 무렵, 내가 주최하거나 연사로 참여한 모임에서는 50대 50으로 상황이 나아졌다. 모든 참석자를 위해 행사의 전반적인 질을 개선하는 것이 가장 효과적인 방법이라는 것을 알았기 때문이다. 나에게는 논리적인 방법이었다.

기술에 관한 통계를 더 깊이 파고들면서 나는 걱정되기 시작했다. 미국의 여성 인구는 대략 50퍼센트인 반면, 기술 분야에서 여성이 차지하는 비율은 21퍼센트에 불과한 분명한 불균형을 발견했기 때문이다. 2014년, 미국 고용 평등 기회 위원회 US Equal Employment Opportunity Commission는 첨단 기술 부문에

서 7.4퍼센트의 아프리카계 미국인, 8퍼센트의 히스패닉, 14퍼
센트의 아시아계 미국인을 고용했다고 보고했다. 반면에 민간
회사 전체의 평균 인종 비율은 아프리카계 미국인 14.4퍼센트,
히스패닉 13.9퍼센트, 아시아계 미국인 5.8퍼센트였다. 아시
아계 미국인인 나는 고용 평등 센터의 연구가 기술 분야에서
아시아계 미국인의 비율이 상대적으로 높은데도 관리직이나
임원직은 백인 남성이 차지할 가능성이 크다는 사실을 주목하
지 않을 수 없었다. 미국 외 중국과 같은 나라에서는 기술 분야
가 남성에 편향되기도 한다. 즉, 이것은 한 사람의 피부색에 국
한된 문제가 아니다.

　수치로 보이는 단순한 불균형보다 더 우려스러운 것은, 이
불균형이 모든 기술 산업에서 주류가 아닌 근로자의 삶의 질
에 미치는 영향이다. 케이포어 센터 사회적 영향력 연구소
Kapor Center for Social Impact는 이 사람들이 기술 산업을 떠나는
가장 큰 이유로 차별, 괴롭힘, 성희롱, 인종 차별을 꼽았다. 이
연구는 또한 여성과 유색 인종이 괴롭힘을 경험하고 승진에
서 누락될 가능성이 크다는 것을 발견했다. 나의 MIT 이야기
로 다시 돌아가, 지나고 나서 보니 MIT를 포함해 전 세계 대학
의 대부분이 찰스 베스트 총장의 이상적인 '리셋'을 시행한 적
이 없다는 사실을 알았다. 따라서 공학적 재능이 있는 기술자

들을 제공한 시스템은, 단순히 모든 시스템이 특정한 방향으로 편향될 때 수행하는 작업을 수행했다. 그들은 그저 기본적인 수순을 밟았을 뿐이다. 그리고 더 높은 수준의 작업 환경을 만들 수 있었던 기회를 잃어버렸다는 사실을 깨달은 지도자들은 이제 무언가를 할 것인지, 아니면 그 환경을 그대로 둘 것인지라는 선택의 기로에 서 있다.

시스템의 관점에서 보면, 이 정도 규모에 달하는 기술 산업의 불균형은 스스로 교정되지 못한 채 계속될 가능성이 커 보인다. 기술 기업은 무어의 시간을 따라잡기 위해 최고 속도로 달려야 한다. 이는 앞으로 고용 문화에서 '문화적 적합성', 즉 '우리와 같은 사람'을 고용해 최적화해야 한다는 압박을 부추긴다. 이렇게 하면 새로운 사람의 적응 기간도 짧아지고('우리와 같은 사람'이므로), 매일 발생하는 마찰을 줄이며(역시 '우리와 같은 사람'이므로), 상사를 따르게 된다('그들과 같은 상사'이므로). 그리고 시스템 전반에서 이 순환을 멈출 수 있는 개입이나 보상, 처벌이 명시적으로 있지 않은 한, 고용된 사람들은 자신과 비슷한 사람들을 더 많이 고용하게 된다. 취향이 비슷한 대학 친구든, 비슷한 이유로 같은 동네로 이사한 이웃이든, 끈끈한 동료애로 묶인 직업적 모임이든, 우리는 마찰을 줄이고 차이 대신 동일성을 택하는 경향이 있다.

따라서 비슷하게 생각하고 비슷한 배경을 가진 사람들이 기술 산업을 구성한다는 사실은 놀랄 일이 아니다. 느리고 신중한 접근보다 빠르게 움직여야 할 필요성을 늘 중요하게 여기기 때문이다. 하지만 '우리'라고 정의를 내린 범주가 있다면 자연스럽게 배제되는 '우리와 다른' 범주 또한 있다. '그들'은 우리와 다르게 생각하고 우리의 속도를 늦출 것이다. 기술의 성지는, 금융의 성지를 비롯해 자신들 고유의 문화를 육성하려는 다른 전문 분야와 다르지 않다. 성지의 경계는 자신이 속한 집단에서 벗어날 때 마찰을 피하는 것을 선호하는, 비슷한 생각을 지닌 사람들의 안전한 문화를 지켜준다. 우리는 어떤 영역에서든 포용성을 신경 써야 한다. 하지만 일단 기술 분야를 생각해 보면, 기술자들은 완전히 다른 무어의 속도와 규모로 운영하기 때문에 불균형적인 영향력을 행사한다는 차이점을 가진다.

회사 내 전문가가 '죄송합니다'라고 하는 순간은 많은 사람에게 부정적인 영향이 미칠 수 있다는 뜻이다. 그러나 컴퓨터 시스템에서 '죄송합니다'라고 하면, 자판 입력 후 몇백 분의 일 초 안에 시스템에 연결된 모든 사람에게 영향이 생긴다. EBITDA(법인세 이자 감가상각비 차감 전 영업 이익-옮긴이)의 뜻을 모르는 사람을 미묘하게 깎아내리는 내용이 담긴 메일을 금융 회사가 실수로 전체 메일로 보내 버린 상황처럼, 비즈니스에서 단일 문화를 추구하는 경향은 '죄송'한 마음을 가져야 할 일이다. 하지만 기술 제품 팀이 가진 편견이 사용자 수백만 명에게 동시에 배포된다면 일은 더욱 심각해진다. 다행히 소셜 미디어의 피드백은 기업의 실수를 겨냥할 때에는 가차 없이 빠르지만, 이외에도 기업 문화에 더 깊이 자리 잡은 나쁜 '죄송'이 존재한다. 예를 들어, 주류인 백인 남성으로 이루어진 아마존의 인공 지능 전문가 팀에서, 같은 주류의 관리자가 과거의 고용 정보를 통해 고용 도구를 프로그래밍했다고 하자. 디지털 시스템은 여자 대학에 다닌 내용이 들어가거나 '여성'이라는 단어가 들어간 이력서는 감점을 시켰다. 따라서 쉽게 '컴퓨터 프로그램 오류'로 지적할 수 있는 것도 우리가 진심으로 책임감을 우선시한다면 '문화적 오류'로 간주해야 한다.

불균형적 시스템은 불균형적 결과를 낳는다. 기술 기업에 이를 접목시켜보면, 우리는 가까운 미래에 불균형적 제품이 생산될 것이라고 예상할 수 있다. 기술의 성지에서 컴퓨터의 속도와 규모로 굴러가는 사람들, 그리고 불균형의 속도와 수준은 견줄 데가 없다고 생각한다. 결국, 디지털 기술은 불균형을 만들어 낼 것이다. 이는 형평성과 정의의 측면에서 좋지 않은 이유에 관한 사회적 의미를 넘어, 조직의 관점에서도 획기적인 혁신을 달성하기 위한 최적의 길이 아니다. 혁신의 기폭제가 전혀 없는 동일한 문화는 비즈니스가 뛰어난 성장을 달성하는 데 필패의 전략이다. 또한, 팀에 더 다양한 배경과 시각을 가진 사람들이 있었다면 피할 수 있었을 사소한 '죄송'이 당신의 제품에 남아 출시되었다면, 비즈니스의 지속적인 성과에 위험 요소가 되기도 한다. 다른 관점에 목소리 내는 것을 꺼리지 않는 작업 환경은 실수를 가장 빠르고 효율적으로 피할 수 있는 방법이다. 하지만 다른 관점을 수용하기 위해서는 다른 종류의 사람들이 필요하다.

사라 웍터 뵈쳐Sara Wachter-Boettcher의 대표 저서인 《기술적 오류Technically Wrong》는 기술 산업이 무의식적으로 백인 남성(생물학적 성과 성 정체성이 일치하는 남성)의 문화를 제품에 그대로 반영한 다양한 방법을 상세히 저술한다. 이는 사용자를 '여학생'이라고 한정하는 월경 주기 앱부터 '그'를 기쁘게 만들기 위한 밸런타인데이 선물을 사라고 푸시 알람을 보내는 쇼핑 앱 등으로 나타난다. 혹은 유명한 소셜 미디어 회사가 아시아 인종으로 보이도록 하기 위해 찢어진 눈을 씌우는 실시간 이미지 필터를 공개한 것도 마찬가지다. 불과 몇 달 후, 이 회사는 밝은 피부를 어둡게 만들어 흑인처럼 보이게 하는 필터를 공개했다. 이런 수용 불가능한 실수들은 불매 운동으로 이어졌고, 그들이 대가를 치르는 동안 제품에 더 나은 의사 결정을 내리는 데 필요한 고용 투자는 멈춰 버렸다. 이는 기술 산업에 내재된 불균형의 자연스러운 결과로 지속될 것이다. 그리고 스타트업이 이사회에 의해 투자, 관리 및 감독을 받는 방법까지 방해하게 될 것이다.

똑똑하게도, 기술 분야에서 제품 개발에 보다 포괄적인 접근법을 적용해 새로운 기회를 찾는 실용주의 비즈니스 리더의 물결이 일고 있다. 그들은 가능한 한 광범위한 고객에게 서비스를 제공하지 못하는 것은 오래된 무지의 일종이며, 그것은 비즈니스 기회의 상실로 이어진다는 것을 알고 있다. 그래서 그들은 기술 산업의 성별 임금 격차를 해결함으로써 고객에게 더 나은 서비스를 제공하기 위한 회사 문화의 다양화에 노력을 기울이고 있다. 또한, 편협한 '문화적 적합성'이라는 접근법에서, 차이에 가치를 두고 조직에 새로운 목소리와 사고방식을 긍정적인 자산으로 도입하는 '문화 더하기'로 옮겨가는 데도 흥미를 지니고 있다.

구글의 한 직원이 다양성에 반대하며 쓴 메모 때문에 해고당한 일에서 볼 수 있듯이, 구글은 모든 다양성과 포용성을 존중하며 '제품 포용'이라는 유망한 분야에 꾸준히 투자하고 있다. 비즈니스 리더인 애니 장 밥티스트Annie Jean-Baptiste가 이끄는 계획은 다양성을 내재한 팀이 더 나은 제품을 만든다는 핵심 목표를 가지고 시작했다. 결과적으로 구글은 공급품과 장비를 원조하는 공급업체부터 그들의 이미지 데이터베이스를 다양하게 채우기 위한 '이미지 소유 경쟁'까지, 모든 것을 조사한다. 소비자가 제품의 품질과 제조 방법의 윤리뿐 아니라 비즈니스를 수행하고 데이터를 공유할 기업의 성격에 관해서도 더 높은 기준을 요구하면서, 이러한 종류의 낙관적인 노력을 엿볼 수 있다.

기술 산업의 불균형을 시정하는 과제는 새로운 비즈니스의 성장과 파괴적인 혁신의 기회를 즉시 가져다준다. 기술 교육 불평등의 깊은 뿌리와 미국 내 여러 세대에 걸친 부의 불평등을 더 깊이 생각하면, 이 과제를 받아들이는 것은 어쩌면 어렵고 불가능하다고 느낄지도 모른다. 하지만 나는 긍정적으로 바라보려 한다. 가장 중요한 시작점은 바로 컴퓨팅의 힘을 더 많은 사람에게 알리는 것이라 믿기 때문이다. 특히 전에는 보이지 않는 우주와 같은 컴퓨터의 영향력을 몰랐던 사람들에게 말이다. 그것을 몰랐던 것은 당신의 잘못이 아니며, 이제 당신은 컴퓨팅이 어디에나 있다는 사실을 안다. 또한, 제품이나 서비스가 미래에 국가, 인종, 성별, 문화, 종교, 나이, 사회 경제적 경계를 넘을 때마다 끝없이 나타나는 숨은 기회를 고려하면,

분명 많은 혁신이 탄생할 것이다. 이는 내 동료의 용어로 '그린 필드greenfield(개발된 적 없는 분야를 이르는 말-옮긴이)' 또는 '백지 상태'라고 한다. 이 영역은 아직 개발 초기 단계이거나 이전 소유권이 남아 있는 상태이기 때문에 새로 온 사람들에게 자신의 영향력을 성장시키고 새로운 비즈니스 기회를 구축할 기회가 있다.

컴퓨터 과학 분야에서 남녀평등을 일구어 낸 하비머드대학Harvey Mudd College 총장 마리아 클라베Maria Klawe의 예를 따라서, 기술 교육의 재부팅을 상상해 보자. 먼저, 대학 과목 선이수제Advanced Placement의 컴퓨터 과목이 순수 프로그래밍에서 코드를 통한 문제 해결로 바뀌었을 때, 여성, 흑인, 라틴계 학생의 성적이 상승했다는 사실을 생각해 보자. 혹은 생계를 유지할 수 있는 실용적인 기술을 배우기 위해 디지털 기술을 코딩하고 이용하는 방법을 서로에게 가르쳐 주는 오픈 소스 자원봉사자들의 네트워크에 의해 놀랍도록 다양해진 워드프레스의 교육 생태계를 생각해 보라.

인류의 완전한 다양성을 이용하기 위해서 필요한 것은 기술의 동일성이며, 이는 무어의 법칙의 속도로 작성된 불균형을 잠재적으로 없앨 수 있다. 불가능하게 들리는가? 물론 그럴 것이다. 그러나 컴퓨터는 불가능을 가능하게 만들어 주고, 우리가 그 능력을 완전히 활용한다면 우리 인간은 기술의 성지를 누구나 환영할 만하도록 재탄생시킬 수 있다.

2/ 빅 데이터 분석에
인간의 본성을 반영하라

    불완전하고 계측되는 디지털 제품은 쉽게 배포할 수 있으므로, 우리는 대량의 데이터를 돌려 받아 그 제품들을 수정하고 개선할 방법을 결정할 수 있다. 성공은 대개 당신의 데이터를 기반으로 낸 결론의 정확도를 높이기 위해 사용자 데이터를 많이 수확하는 최고의 수단처럼 보일 것이다. 따라서 디지털 제품을 사용하면 제품에 대한 몇몇 개인의 경험을 깊이 파고들기 위해 의식적으로 시간을 투자하는 대신, 수천 명의 사용자 행동을 광범위하게 관찰하는 데 치우치기 쉽다.

    왜냐고? 일단 오늘날 우리가 사용할 수 있는 컴퓨팅 능력으로 인해 전체적인 행동을 연구하는 계측형 접근 방식을 취하는 것이 훨씬 쉽고 저렴하기 때문이다. 여기에 '7.2퍼센트 대 1.2퍼센트'와 같은 설득력 있는 과학적 근거를 줄줄 읊으면 꽤 그럴싸해 보인다. 반대로 인류학자가 개발한 방법으로 개인의 행동을 연구하는 것은 기술 수준이 훨씬 낮고 비용도 더 많이 든다. 이를 에스노그래피ethnography(한 사회의 문화에 관한 기술적 연구의 과정 혹은 그 산물, 정량적이고 정성적인 조사 기법을 이용한 현장 조사를 통하여 연구하는 학문 분야)라 한다. 당신의 제품에 몇 가지 문제를 가지고 있는 제임스라는 비공학인 고객과 시간을 보낸 후 식견을 공유하는 것은 고객에게 공감하고 있다는 긍정적인 의미일 것이다.

문제는 따로 있다. 숫자 데이터로 주어진 '과학적' 응답은 제임스가 직면한 문제와 장애물에 관한 이야기와 비교하면 대개 긍정의 끄덕임을 얻을 것이다. 정량적인 관점은 상당히 사실처럼 보이기 때문이다. 마치 소음에서 중요 신호를 추출하는 것과 같다. 반면 정성적인 관점은 '이해하려 들지 않는' 시끄러운 손님처럼 나타나, 7.2퍼센트에 포함되지 못해 무시당하고 말 것이다. 하지만 현실에서는 집계된 데이터나 개인의 사연이나 둘 다 사실을 구성하지는 않는다. 둘 다 문맥상 인간을 포함하기 때문이다. 인간은 본질적으로 예측할 수 없으므로 인간의 행동에 관한 예측은 궁극적으로 모두 추측일 뿐이다. 한쪽의 추측은 정량적인 데이터를 사용하고 다른 쪽은 정성적인 데이터를 사용한다. 우리는 의사 결정의 위험성을 낮추는 방법의 하나로 고품질의 예측을 위해 큰돈을 쓰지만, 어떤 추측도 성공을 100퍼센트 보장하지는 않는다. 이것이 사실이 아니라 추측이라고 하는 이유다. 그리고 모든 투자자가 알고 있겠지만, 더 좋은 추측을 하는 방법은 모든 카지노 칩이 한 곳에 몰리지 않도록 베팅 포트폴리오를 만드는 것이다.

디지털 시대에는 정량적인 데이터를 수확하기가 아주 쉬워졌기 때문에, 오늘날 우리가 맡은 과제는 기술자를 간식이 많고 커다란 모니터가 있는 입식 책상에서 떼어 내고, 비교적 구식인 대면 고객 방문을 시키는 것이다. 쉬운 일은 아니다. 정량적인 데이터에 노력 없이도 접근하는 것이 디지털 시대가 가져온 결과물이며 우선적인 이익이 되기 때문이다. 미래의 일상을 살아가는 사람들은 시대를 역행한다고 느낄지도 모른다. 덧붙여 만약 당신의 제품을 사용하는 온라인 고객 수백 명을 분석하여 데이터를 모으는 것이 한 달에 5달러밖에 하지 않는 반면, 고객과의 일대일 작업에 투자하는 것은 한 달에 수백 달러가 든다. 말도 안 되게 비싸고 비효율적인 일이다.

다른 금융 산업에 비유하자면 최고의 투자자들은 그들이 투자하는 펀드를 신중하게 분석할 뿐만 아니라 전문가로서의 추가적인 실사를 위해 펀드 매니저를 현장 방문할 것이다. 그러니 만약 투자 세계에서 실사의 기준을 높게 잡는다면 실제 고객들과 자주 이야기를 나누는 것은 사업 감각을 좋게 만들어 준다.

이는 에스노그래피의 교훈이다. 문화적 현상을 이해하기 위해 당신은 두 번째, 세 번째로 건너온 정보에 기대지 않고 최초의 정보에 가능한 가까이 다가갈 필요가 있다. 덧붙여 최초의 정보를 진심으로 이해하기 위해 당신은 그를 둘러싼 문화적 분위기를 알고 이해하도록 시간을 투자해야 한다. 문화 인류학자 클리포드 기어츠Clifford Geertz는 에스노그래피의 궁극적인 목표를 '얇은 설명thin description'과 상반되는 '두꺼운 설명thick description'이라고 정의했다. 얇은 설명은 단지 얄팍한 디테일에 집중하는 반면 두꺼운 설명은 보이는 것보다 훨씬 더 깊이 들어가 표면 아래 내막을 파악하려 하는 것이다.

내가 워드프레스 제품 관련 일을 했을 때 이러한 얇은 설명을 듣는 일은 아주 흔했다. 예를 들어 "90퍼센트의 사람은 자기 블로그 조회 수 통계를 보는 데 시간을 허비한다."라고 말하며, 이를 개선되어야 하는 중요한 속성이라 결론짓는 것이다. 하지만 이러한 분석은 '워드프레스의 첫 페이지가 조회 수 통계라면, 페이지가 조회 수 0을 보여줄 때 운영자는 블로그를 계속 운영할 동기가 생기지 않는다'라고 말하는 사용자의 두꺼운 설명에 의해 바로 반박된다. 문제는 통계 페이지를 개선하는 것이 아니라 블로그 운영자가 독자들이 좋아할 만한 게시물을 작성하여 읽을거리를 만드는 것이다. 데이터에 혹해서 통계만 신경 쓰다가는 더 근본적인 문제를 놓칠지도 모른다는 사례를 제시하기는 쉽다. 정량적 데이터를 제시했을 때는 기술 에스노그래피 전문가인 트리시아 왕Tricia Wang이 '두꺼운 데이터'라 부르는, '빅 데이터'와 대조되는 그것을 요청해야 한다. 두꺼운 데이터를 모으는 데는 시간이 걸리고 그것을 잘 정제하는 데는 더 오랜 시간이 걸린다. 주변 사람들의 다양한 맥락을 포착하기 위해 수집한 두꺼운 데이터를 잘 이해해야 한다. 그렇지 않으면 추가로 투자를 한 보람이 없을지도 모른다. 빅 데이터를 정량적으로 처리하는 매력과 용이성은 두꺼운 데이터를 이해하기로 약속된 시간으로부터 당신을 계속해서 멀어지게 할 것이다.

바쁜 현대인인 나는 편한 사무실 의자에 앉아 컴퓨터 화면 뒤에 숨어 있는 것을 좋아한다. 해야 할 일을 효율적으로 마칠 수 있고 나의 리듬이 주변에 의해 방해받지 않아도 되기 때문이다. 하지만 인튜이트Intuit(미국의 금융 소프트웨어 개발 회사)의 창립자 스코트 쿡Scott Cook은 처음 퀵큰Quicken(개인 재무 관리 프로그램)을 출시한 후, 고객이 소프트웨어를 설치하고 실행하는 것을 옆에서 지켜보며 '고객과 함께 퇴근하는' 습관이 있었다. 나는 그에게서 영감을 받아 고객과 대면하는 일을 하기 시작했고, 이것에 분명 시간을 투자할 가치가 있다는 사실을 깨달았다. 이는 고객을 상대하는 작업의 지분을 증가시킨다. 당신이 내린 결정 때문에 제품을 사용하는 사람을 실망시켰다는 사실을 바로 알게 되어 끔찍하게 불편해질지도 모른다. 그리고 스스로 두꺼운 데이터를 수집할 때는 고객 한 명의 문제가 모두의 문제라는 편견을 가지기 쉬우므로 주의해야 한다. 지금쯤 당신은 불완전을 받아들였을테니, 그냥 해 나가면 된다.

조언 하나 하자면, '두꺼운' 데이터를 수집하기 위해 시스템에서 고객이 마주한 구체적인 문제에 너무 집중하지 말라는 것이다. 대신에 애초에 당신과 함께 일하기를 원하는 고객의 전반적인 목표를 명심하라. 예를 들어, 90년대 일본의 복사기 제조업체가 종이 걸림을 해소하기 위해 사용자 인터페이스를 정교하게 디자인하던 생각이 난다. 하지만 이내 기관들은 정보를 공유하기에 더 나은 방법으로 종이를 없애기 시작했다. 우리가 자주 마주하는 '타이어 펑크' 상황을 관리한다고 생각해 보자. 우리는 즉시, 터지지 않는 타이어를 만드는 데 모든 시간을 쏟거나, 혹은 타이어 펑크 수리 실력을 놀랍도록 발전시킨다. 하지만 그동안 우리는 고객이 애초에 어디로 가고 있었는지도 잊어버리고, '그들의 목적지는 어디였으며, 어떤 꿈과 희망이 그에 연관되어 있습니까?'라고 묻는 것도 잊어버린다. 두꺼운 데이터의 원동력인 동기 부여 질문에서 시작하여 스스로를 최초 정보에 몰두시킬 때, 당신은 더 전략적으로 변할 수 있다. 당신은 도표나 숫자로는 볼 수 없는 미세한 인간적 디테일을 찾고 있다는 것을 명심하라. 그러니 냄새를 맡고 감각을 느끼는 당신의 능력을 믿어보길 바란다. 인공 지능이 할 수 없는 것을 해야 한다.

MIT 인공 지능 연구실의 학부 연구생이었던 나는 당시 디지털 이큅먼트 코퍼레이션Digital Equipment Corporation, DEC이 다른 초기의 컴퓨팅 회사들처럼 사라지기 전까지 일한 방문 엔지니어와 작업하며 이와 관련된 교훈을 얻었다. 그녀는 나에게 대형 수프 회사가 사람이 만드는 것과 똑같은 수프를 만들기 위해 인공 지능의 전신인 '전문 시스템' 개발에 투자한 잊지 못할 이야기를 해 주었다. 수프 회사에서 일하던 공장 운영자들은 나이가 많아졌고 회사는 그들이 모두 은퇴해 버리면 수프를 어떻게 만들어야 할지 고민이었다. 그래서 회사는 수프 제작 전문가들을 신중하게 관찰하여 그들의 행동과 사고방식을 IF-THEN 규칙으로 만들었다. 공장에 드디어 뺑오르방 인공 지능 시스템을 가동하는 날이 왔고 수프를 만들었다. 하지만 그 결과는 실망스러웠다. 수프 맛이 최악이었다. 당시전문 시스템의 추종자였던 나는 이 실패 사례는 꽤 충격적이었다.

그래서 나는 방문 엔지니어에게 이 문제가 해결됐는지 물어보았다. "간단하고 재미있는 일이었어요." 그녀가 말했다. "그들은 전문가인 노인 중 한명에게 수프의 맛이 왜 이상한지 설명해 달라고 요청했어요. 그는 앞으로 걸어 나와 수프 그릇으로 몸을 기울이더니, 킁킁거리며 냄새를 맡더군요. 그의 대답은 '냄새가 이상하네요'였어요." 내가 이 사례를 좋아하는 이유는 이것이 오늘날에도 여전히 적용되기 때문이다. 복잡한 시스템에서는 가장 진보된 디지털 기술을 사용해도 쉽게 놓칠 수 있는 보이지 않는 측면이 많다. 인간적이라는 것은 여전히 멋진 일이다. 인공 지능은 개뿔.

당신의 코는 미래를 향해 뻗어 있으니, 나의 발목을 항상 붙잡았던 장애물 세 가지를 명심하라. 컴퓨터에 능하고 디자인에 의견이 많을수록 장애물에 부딪칠 확률이 높다. 그리고 나처럼 늙어가면서 스스로의 이런저런 경험을 믿기 시작하게 될 것이다. 책이 거의 끝나가니 간략히 말하겠다.

1. **정통 기술자처럼 생각하며, 제대로 만드는 방법은 오직 하나 뿐이라고 믿는 것.**

   헨리 포드는 훌륭한 기술자처럼 생각했는데, 바로 사람들이 포드의 차량 모델 T$^{Model\ T}$를 오직 검은색으로만 원한다고 믿은 것이다. GM$^{General\ Motors}$의 알프레드 P. 슬론^{Alfred P. Sloan}은 다양한 사람들이 원하는 다양한 차가 있어야 한다고 믿었다. 더 나은 코를 가진 GM이 포드를 이겼다.

2. 정통 디자이너처럼 생각하고, 모두가 당신의 해결책을 신봉하고 그것에 적응할 것이라 믿는 것.

주관적인 결정과 보이지 않는 부의 네트워크에 의해 쓰인 정통 디자인에서, 엘리트 교육 기관을 문화적 나침반으로 지지하는 표준은 기억되는 것과 잊혀지는 것을 촉진한다. '천재 디자이너'가 해 주는 디자인의 성지 이야기는 성공을 위한 열쇠가 아니다. 매혹적이지만, 멍청한 것이다. 이 코는 되도록이면 사용하지 말아라.

3. 고위 지도자처럼 생각하고, 과거에 통했던 방법이 분명히 다시 통할 것이라고 믿는 것.

나는 "내가 X에 있을 때 Y를 했고, 지금 우리가 마주한 문제랑 완전히 똑같아. 내가 해결책을 알고 있어. 나를 따르면 돼!"라고 말하는 나를 말리는 연습을 했다. 나는 여기에서 멈춰 선다. 우리가 10년 전에 통했던 방법이 지금도 통하리라 기대할 수 없는 디지털 시대에 산다는 것을 알기 때문이다. 기업가 배리 오라일리^{Barry O'Reilly}는 과거의 성공을 '학습 취소'하지 않으면 새로운 것을 놓치게 된다고 말한다. 확실하지 않으면, 그냥 새로운 코를 찾아라.

　기술 세계에 스민 많은 불균형은 우리가 하는 일에서 인간의 속성에 주목함으로써 해결할 수 있다. 디지털 기기는 완전한 모방품이고 그 근본으로부터 수집한 정량적 데이터에 의해 작동한다. 그러므로 우리는 일반적인 편견에 의존하는 아주 평범한 '인간 본성'에 집중할 필요가 있다. 이를 '지혜'라고 한다. 정량적 데이터와 정성적 데이터의 균형을 맞추지 못한다면 디지털 시대는 형편없어질 것이다. 지금 당장 당신의 데이터 포트폴리오를 확장하기 시작하라. 평균 이상의 상사처럼 투자하라. 당신과 다른 사람들을 최대한 많이 관찰하라. 데이터에서 얻은 추측 중 일부를 조절하여 다양한 조합을 만들어낼 수 있을 때 삼각 측량법이 가장 잘 작동하기 때문이다. 우리는 때로는 내키지 않는 냄새로부터 코를 보호하기 위한 노력보다는, 모든 감각과 꼬치꼬치 캐묻는 호기심이 필요한 세상에 살고 있다. 두꺼워져라. 냄새를 맡아라.

3/ 인공 지능은 우리의
과거를 먹고 자란다

구글의 공동 창립자가 인공 지능이 가져올 세상에 대한 두려움을 열정적으로 이야기하는 것은 그저 구글의 주가를 높이려는 술책이 아니다. 무어의 법칙의 힘을 느껴본 적이 있는 사람은, 일반 대중은 알지 못하는 영향력을 알기 때문이다. 하버드의 학자인 질 르포어Jill Lepore는 미국의 정책 변화에 관해 이렇게 이야기했다.

정체성 정치는 1930년대부터 미국의 정책을 이끌어 온 시장 조사이다. 페이스북과 같은 플랫폼이 이루어 낸 것은 그것을 자동화하는 것이다.

핵심 단어는 '자동화'이다. 기계는 끊임없이 반복하고, 계속해서 확장하며, 살아 움직이고 있기 때문이다. 플라스틱 장난감 피규어를 움직이기 위해 손으로 톱니바퀴를 돌리는 것과는 다르다. 버튼을 누르면 장난감이 일어나 손을 흔들고 당신의 남은 생애 내내 이메일 답장을 해 주기 시작하는 것과 같다. 젊은 청년이 방송에 나와 케임브리지 애널리티카Cambridge Analytica와 페이스북이 함께 2016년 미국 선거판을 흔들려 했다고 말하면, 우리는 그들을 보고 이렇게 생각할 것이다. '말도 안 돼.' 이 세상에는 적은 비용으로 수백만 개의 정보를 처리할 수 있는 작업자가 그리 많지 않기 때문이다. 하지만 당신은 이제 컴퓨터를 알고, 가까운 과거, 예를 들어 1년 전과 비교해도 현재는 상당히 달라졌다는 것을 안다.

무어의 법칙에 따른 자동화는 옷을 세탁하는 간단한 기계나 먼지를 빨아들이며 돌아다니는 청소기와는 아주 다르다. 우리의 과거 데이터 전부를 가지고 삶 전반에 걸쳐 무어의 규모로 네트워크를 처리하는 것이다. 그 모든 데이터가 때로는 수 세기에 걸쳐 편향된 방식을 생각할 때, 이런 생각은 이내 궁금증에서 우려로 빠르게 넘어간다. 결국에는 무슨 일이 일어날까? 어디에서 범죄가 발생할지 알려주는 범죄 발생 예측 알고리즘은 경찰들이 범죄 발생 확률이 높은 곳, 즉 빈곤층으로 순찰을 나가게 했다. 그리고 콤파스COMPAS와 같은 범죄 판결 알고리즘은 과거의 판결 데이터와 그 편견을 기반으로 했기 때문에 흑인 피고인에게 더욱 가혹했다. 인공 지능과 그 영향에 관한 질문을 받았을 때, 코미디언 D. L. 휴글리^{D. L. Hughley}는 긍정적으로 대답했다. "기계에게 인종 차별을 가르칠 수는 없겠죠." 그러나 그의 평가는 틀렸다. 인공 지능은 이미 우리에게 인종 차별을 배웠기 때문이다.

새로운 형태의 인공 지능이 과거에 구현되었던 것과 어떻게 다른지 다시 떠올려 보자. 과거에는 입력과 출력 사이의 관계를 정의하기 위해 마이크로소프트 엑셀과 같은 스프레드시트 프로그램에서 여러 개의 IF-THEN 형식과 수학 공식을 정의했다. 추론이 틀리면 우리가 작성한 IF-THEN 논리를 다시 살펴보고 무언가 놓쳤거나 수학 공식에 수정할 점이 있는지 확인했다. 하지만 기계 지능의 새로운 세계에서는 신경망에 데이터를 쏟아붓고 나면 마법의 검정 상자가 생성된다. 약간의 입력만 넣어 주어도 마법처럼 출력이 나타난다. 당신은 프로그램 그 자체를 명시적으로 작성할 필요가 없는, 아주 영리한 기계를 만들었다. 데이터 한 트럭을 갖다 넣으면, 기계 지능은 딥러닝 알고리즘을 통해 수행할 수 있는 작업의 측면에서 양자 도약을 이룬다. 그리고 데이터가 많으면 많을수록 결과도 훨씬 좋아진다.

머신 러닝은 과거를 먹고 산다. 과거에 일어나지 않았다면, 미래에도 일어나지 않는다. 그렇기 때문에 우리가 어떤 행동을 계속한다면, 인공 지능은 궁극적으로 기존 트렌드를 극대화하고 편견을 만들어 낼 것이다. 다시 말해 인공 지능 전문가들이 못된 사람들이면 인공 지능도 못돼질 것이다. 하지만 시스템이 새로운 인공 지능처럼 자동 조종 장치에서 작동한다면, 대중은 '죄송'을 인간의 오류가 아닌 인공 지능의 오류로 간주하게 될까? 우리는 모든 것이 인간의 오류라는 사실을 잊어서는 안 된다. 그리고 인간이 그러한 오류를 고쳐나갈 때, 기계도 우리를 더 열심히 관찰하고 학습한다. 하지만 기계의 수치화된 두뇌의 불균형을 바로잡기 위해 올바른 행동 데이터를 제공하는 사람이 충분히 많지 않다면, 기계가 스스로 교정될 확률은 거의 없다.

기계 지능 시대는 마치 어린아이가 부모의 행동을 똑같이 따라하는 것과 같다. 대개는 부모가 그들을 다르게 키워보려 얼마나 열심히 노력했는지와는 상관없이 부모와 똑같이 자라게 된다. 과거에는 복잡한 문제를 컴퓨터 코드로 해결하는 데 몇 달 혹은 몇 년이 걸렸다. 하지만 이제는 기계 지능이 과거의 행동을 모방하기 위한 과거의 데이터를 제공받으면 금세 동등한 디지털 기기를 만들어 낸다. 과거의 결과는 즉시 자동화되며 사람의 간섭은 최소화된다. 구글 본사의 어느 커다란 방에서 우리가 만들어 낸 모든 데이터가 종이에 출력되고 직원 스무 명이 모든 정보를 서로 참조하기 위해 뛰어다니는 장면을 상상하는 대신, 기계가 어떻게 끊임없이 반복하고, 계속해서 확장하며, 살아 움직이고 있는지 생각하라. 수십억 좀비 로봇 군대와 같은 컴퓨팅 능력의 논리적인 결과는 인간이 생성한 모든 정보를 지칠 줄 모르고 흡수하여, 우리를 복제하는 능력을 기하급수적으로 발전시킬 것이다. 인공 지능이 나쁜 짓을 했다고 그들을 탓할 수는 없다. 그들이 우리를 도우려 하는 행동에 관해서는 우리 스스로를 탓해야 한다.

　페이스북과 같은 시스템이 개인의 행동을 바꿀 수 있다는 사실로, 컴퓨터 시스템과 우리가 어떻게 공존해야 하는지가 매우 중요한 시기에 도달했다. 프로그래밍 된 기술에 성차별 주의자, 여성 혐오자, 동성애 혐오자, 인종 차별 주의자가 되도록 우리를 노출시킨다면, 페이스북에서 당신을 진보주의자나 보수주의자라고 태그할 때, 무엇을 보게 될지 알려주는 〈월스트리트저널The Wall Street Journal〉의 '파란 피드, 빨간 피드' 같은 것이 놀랍지는 않을 것이다. 당신이 보는 것이 오늘날의 당신을 만든다. 옆에 앉은 낯선 사람의 피드를 살펴보면 그들의 온라인 현실은 당신의 현실과는 제법 달라 보인다. 오늘날 우리는 '원하는' 뉴스만 보기 때문이다. 우리는 내 생각이 진실임을 확인함으로써 내가 얼마나 똑똑한지를　증명하는 데서 쾌락을 얻는다. 나는 '일간 나 자신'을, 당신은 '일간 너 자신'을 본다. 그리고 가끔 '반대 의견'을 가진 게시물에 노출되면 나의 뛰어난 관점에 비해 다른 쪽은 무지하다고 추측할 뿐이다. 피드에 올라오는 게시물에 긍정적으로 반응하는지 부정적으로 반응하는지 그들은 모두 지켜보고 있다. 그리고 결국 좋고 나쁨에 대한 개인의 양극단을 학습한다.

디지털 기기가 인간의 경험을 더 넓게 이해하도록 만드는 것은 아직 늦지 않았다. 이는 우리 스스로를 더 잘 이해함으로써 쉽게 시작할 수 있다. 나는 지금 '인클루시브 디자인inclusive design(포용적 디자인)'의 세계에 깊게 파고드는 것으로 이 여정을 진행 중이다. 다양성을 지지하는 접근은 더 나은 제품을 만드는 핵심 요소다. 이렇게 말하기 민망하지만, 처음에 나는 그 분야가 왜 이렇게 흥미를 돋우는지 잘 이해하지 못했다. 하지만 지나고 나서 보니 그것은 내가 냄새를 맡을 수 있었기 때문이었다. 컴퓨터 디자인의 부상과 그에 따른 놀라운 사업 가치는 그 가운데 있는 사람들과 회사 사이에 즉각적으로 드러나지 않는 어떠한 불균형을 양산하고 있었다. 뺑알라르뷔르 인공 지능이 냄새가 없다는 사실은 정말 나를 괴롭게 했다.

다행히 구글과 마이크로소프트 출신의 인클루시브 디자인 전문가 캣 홈즈Kat Holmes가 이끄는 변화가 진행 중이다. 그녀가 마이크로소프트에 있을 때 시작된 이 아이디어는 2018년 출간한 책《부조화: 포용성은 어떻게 디자인을 형성하는가 Mismatch: How Inclusion Shapes Design》을 통해 전 세계로 뻗어 나가고 있다. 나는 그 책이 나오기 1년 전에 그녀의 작업을 접했고 〈디자인 인 테크 리포트〉를 만들기 시작했을 때 그것을 인용했다. 이제 구글에서 사용자 경험 디자인을 선도하는 홈즈는 내가 기대하는 방식으로 클라우드를 재구성할 준비가 되었다. 홈즈가 불균형을 해결하는 세 가지 디자인 전략은 시도해 보기에 충분히 간단하면서도 숙달하기 위해서 평생을 보내야 만큼 충분히 깊이 있다.

1. '배타성을 인지하라.'

    어떤 사람이나 집단이 배제되는지 인지하도록 의식적인 노력을 기울여라. 당신은 그렇게 함으로써 불편한 상황에 일부러 들어가야 하겠지만, 그 사람들은 배제되면서부터 불편함을 느끼고 있다는 것을 생각하면 이것은 비교적 쉬운 일이다.

2. '인간의 다양성을 학습하라.'

    두꺼워져라. 그리고 당신과 다른 이웃의 문화에 들어가라. 집과 회사의 안전과 편리성을 떠나 위험과 불편함 앞에 자신을 내려놓으라는 뜻이다. 처음에는 어렵겠지만,

투자 가치는 높을 것이다.

3. '하나를 해결하고, 여러 가지로 확장시켜라.'

당신의 편견을 깨는 해결책을 세우고 새로운 시장을 찾아라. 혁신은 성장을 이루고 현존하는 문제에 새로운 시각을 가져다준다. 다른 관점이 없었더라면 알지 못했을 새로운 문제가 등장할 때는 더 유용하다.

캣 홈즈의 체계는 해결책에 집중하고자 하는 의도를 배제시키는 자연스러운 편견을 파괴하는 데 도움이 된다. 우리가 편안함을 느끼는 모든 것은 편견으로 가득하고, 컴퓨팅은 공학인이 설계했기 때문에 그들의 편견으로 가득 차 있을 것이라 예상할 수 있다. 편견으로 가득한 매체는 컴퓨터만이 아니다. 디지털 카메라가 등장하기 전에도 피부 톤을 밝게 만드는 화학적 사진 기술이 있었다. 혹은 이것을 생각해 보라. 디자인의 성지의 사람에게 바우하우스 학교 출신의 거장 10명을 대라고 한다면, 바우하우스는 남녀 비율이 반반인데도 그들은 분명 10명의 남자를 댈 것이다. 혹은 여성 감독의 작품 수나, 〈포춘Fortune〉에서 선정한 500명의 CEO 중 여성이나 백인이 아닌 사람이 얼마나 있는지 보라. 컴퓨터는 이들과 무엇이 다른가? 바로 불완전하다는 사실이다. 우리는 고칠 수 있다. 개선할 수 있다. 지금 당장 시작해야 한다.

4/ 오픈 소스는 평등을 설계하는 수단이다

캣 홈즈는 '배제하다exclude'라는 단어의 어원을 자주 언급했다. 라틴어 excludere에서 유래한 이 단어는 ex-는 '밖으로' claudere는 '닫는다'는 의미이다. 인간 세계에 이를 적용해 보면, 특별한 무리에서 온 사람들은 못 들어오게 하면서 나머지는 들어오게 해 주는 것이다. 배제를 긍정적인 방향으로 돌리기는 어렵다. 그것은 원래 불공평한 것이기 때문이다. 배제되어 본 적이 있는 사람이라면 알 것이다. 하지만 배제는 비즈니스의 관점에서 고려하면 이는 불가피한 것이다. '불공평한 이득'을 얻는 것은 경쟁이 치열할 때 승리의 무기로 고려되기 때문이다. 경쟁업체가 지니지 못한 무언가를 갖는 것이 그들을 쫓아내고 컴퓨팅 세계에서 '폐쇄된' 접근 방식이라고 부르는 것을 채택하도록 장려하지 않는다.

산업에서 시스템을 폐쇄적으로 만드는 것은 일반적인 일이다. 그것이 성공했을 때 모든 권한을 행사할 수 있는 소중한 능력을 얻기 때문이다. 1984년 처음 맥 컴퓨터를 출시했을 때, 애플은 당시 확장성이 좋았던 경쟁 업체 윈텔 PC^Wintel PC와는 반대로 폐쇄된 컴퓨터 시스템을 택했다. 결과적으로 애플은 다른 컴퓨터 업체가 이루어 내지 못한 방식으로 사용자 경험 전체를 통제했다. 폐쇄된 시스템 접근 전략은 이후 애플이 아이폰을 출시할 때도 똑같이 적용됐고, 나머지는 두말할 것도 없다.

그동안 안드로이드^Android라 불리는 새로운 모바일 운영체제가 나타났다. 이 운영체제는 모든 '소스 코드'를 공개하는 특별한 방식을 택했다. 오늘날 애플의 운영체제보다 안드로이드 운영체제를 사용하는 모바일 기기가 더 많다. 2019년 애플의 접근 방식은 약화되기 시작했고 그 폐쇄된 우주 밖으로 나오라고 압박받고 있다. 그 불공평한 이익이 약화되고 있는 걸까?

'오픈 소스'는 누구나 접근 가능하고 목적에 따라 수정할 수 있도록 공개된 컴퓨터 코드를 뜻하는 공식적인 용어다. 다른 것을 '배제'하는 것과 반대로, 누구나 포용한다. 태표적인 오픈 소스 프로젝트는 리눅스^Linux(안드로이드가 개발된 곳), 파이어폭스^Firefox(유명 웹 브라우저), 워드프레스^WordPress(웹의 3분의 1을 차지하는 웹 사이트 관리 시스템), PHP(워드프레스를 만드는 유명 컴퓨터 언어) 등이 있다. '오픈 소스 소프트웨어'라는 말은 과거에 품질이 떨어진다는 뜻으로 사용된 '무료 소프트웨어'라는 말 대신에, 타고난 커뮤니티 가치를 더 잘 구현하기 위해 크리스틴 피터슨^{Christine Peterson}이 1998년에 처음 사용한 용어이다. 오토매틱(워드프레스의 모회사로, 저자가 디자인 경영자로 근무한 웹 개발 회사)에서 일할 때 나는 워드프레스 커뮤니티를 직접 목격할 기회가 있었는데, 그때처럼 세계 각지의 사람들에게 환영받으며 소속감을 느낀 적은 없었다. 시간이 지나면서 나는 워드프레스 세계의 PHP가 '사람이 사람을 돕는다^{People Helping People}'의 약자라는 것을 깨달았다. 각 현지 커뮤니티는 컴퓨터를 배우려는 사람이라면 누구든 환영했고, 참석하는 데 어떤 조건이나 비용도 붙이지 않았다. 오픈 소스에서 소프트웨어란 코드 이상의 커뮤니티이다.

이와 비교해 '폐쇄된 소스 소프트웨어'는 당신이 매일 사용하는 앱과 서비스 대부분을 지배한다. 당신은 실제로 프로그램 코드가 무엇을 하는지 절대 알 수 없으며 다르게 작동시키고 싶어도 소프트웨어에 변화를 주기란 불가능하다. 페이스북 앱을 포함해 휴대 전화와 컴퓨터, 혹은 온라인에서 실행되는 대부분의 소프트웨어가 이러한 폐쇄된 정책을 따른다. 앱의 소스 코드에 접근할 수 있다고 해도 코드가 저절로 이해되는 것은 아니다. 워드프레스와 같이 복잡한 오픈 소스 시스템도 마찬가지다. 하지만 워드프레스는 당신이 작동 방식을 바꾸고 싶을 때는 언제든 소스 코드를 볼 수 있는 데 반해, 페이스북은 당신이 엔진룸을 열어볼 기회조차 주지 않는 것이 사실이다.

폐쇄된 소스와 오픈 소스의 차이점을 알 수 있는 또 다른 방법은 협업과 협동의 차이를 생각하는 것이다. 협업은 다른 무리와 팔 하나만큼 떨어져 함께 일하는 것이라면, 협동은 서로를 팔로 끌어안고 일하는 것과 같다. 협동이 협업보다 좋은 이유는 함께 일할 때 다양한 단계에서 타협을 거침으로써 상호 이익이 발생하기 때문이다. 협동 능력이 없는 상황에서 정부가 오늘날 기술의 성지를 통제할 유일한 수단은 규제하는 것뿐이다. 흥미로운 것은, 기술의 성지 성도들이 만든 소프트웨어가 죄다 오픈 소스라면 정부가 그들에게 조치를 취할 이유가 없다. 왜냐고? 그들이 우리로부터 수집한 모든 데이터를 가지고 우리가 무엇을 하는지 아는 것과 같이 소스 코드는 우리가 걱정하는 모든 위반 문제를 검사할 수 있기 때문이다. 모두를 배제하는 불투명한 벽이 없을 때 나쁜 짓을 하기는 더 어렵다. 오픈 시스템 접근은 정부 규제의 대안이 될 수 있으므로 나는 당신과 같이 기계의 언어를 이해하는 사람이 국회의원으로 당선된다면, 우리가 이런 접근법을 더 많이 보게 될 것이라고 예상한다. 나는 이 말을 사용해서 당신에게 오픈 캠페인의 슬로건을 오픈 소싱하겠다. '오픈은 원래 공평함을 추구한다.'

오픈 소스에도 단점은 있다. 비밀이 없다는 것이다. 서로 협동하고 서로 손해를 입히지 않으려는 요즘 세상에 투명성은 '나눔의 미덕'과 지속적인 조화를 의미한다. 하지만, 언제나 악역은 있기 마련이다. 그들은 인간의 본성이라는 이유만으로 자신에게 유리한 방향으로 상황을 조작할 방법을 찾고 있다. 그러니 오픈 소스가 항상 정답은 아니다.

예를 들어, 당신은 당신의 자산에 쉽게 접근할 수 있는 개인 전자 뱅킹 시스템의 코드를 공개하고 싶지는 않을 것이다. 오픈 소스 접근 방식은 다른 사람들도 비슷한 시스템을 스스로 만들 수 있게 한다는 점에서 칭찬받아 마땅하지만, 만약 당신의 코드가 은행 계좌번호나 비밀번호와 같은 개인 민감 정보를 포함한다면 당신은 이내 파산하고 말 것이다. 혹은 만약 페이스북의 알고리즘이 모두 오픈 소스였다면, 악의적인 의도를 지닌 단체가 타임라인 코드를 다시 작성하여 당신의 타임라인을 마음대로 조종할지도 모른다. 기업이 코드를 비밀로 하려는 이유를 정당화할 수 있는 요소에는 경쟁 우위가 항상 존재한다. 라이벌보다 불공평한 이익을 더 얻기 위해서다.

그럼에도 기업들은 오픈 소스의 가치를 인식하고 있다. 마이크로소프트는 세계 최대의 오픈 소스 소프트웨어 커뮤니티인 깃허브^{Github}를 인수하여 전 세계를 놀라게 했다. 인수 규모가 얼마나 큰지는 당신의 프로그래머 친구에게 물어보아라. 아마 마이크로소프트가 깃허브를 소유한 사실을 모르는 사람도 있을 것이다. 마이크로소프트가 깃허브의 현재 운영 방식이나 이름을 변경하지 않기로 결정했기 때문이다. 안드로이드를 제외한 구글의 또 다른 예는 오픈 소스 엔진에서 구동되는 크롬^{Chrome} 웹 브라우저다. 누구나 그 위에 새로운 웹 브라우저를 만들 수 있다. 심지어 마이크로소프트도 크롬의 엔진으로 전환할 것이라 발표했다.

애플의 웹 브라우저인 사파리^{Safari}는 오픈/폐쇄 하이브리드 시스템의 예다. 구글과 오픈 소스 엔진의 계보를 같이하지만 나머지 코드는 대중에게 공개되지 않았다. 여러분의 제품에 오픈 소스를 사용할 때는, 라이선스 규칙을 확인해야 한다. 어떤 라이선스는 아무 제약 없이 코드를 사용하도록 하는 반면, 오픈 소스를 사용하면 여러분의 코드도 공개하기를 요구하는 라이선스도 있다. 전자는 당신에게 자유를 선사하는 'MIT 라이선스'라 불리고, 후자는 다른 사람들에게 더 큰 자유를 선사하는 GNU 'GPL 라이선스'이다.

공유 가능한 컴퓨터 코드와 관련이 적은 다른 종류의 프로그래밍도 잊지 말자. 뺑알라르뷔르 인공 지능을 이야기하는 것이다. 새로운 기계 지능 시스템은 읽을 수 있는 컴퓨터 코드로 만들어지지 않고 명확한 논리의 흐름 없이 숫자와 데이터가 가득 담긴 불투명한 검은 상자에 포장되어 있다. 이런 방법들은 너무 복잡해서 어떻게 작동하는지 알 수 없다는 것이 오랜 걱정이었다. 인간은 원시적인 숫자 더미를 읽을 수 없었기 때문이다. 훈련을 위해 공급받은 데이터에 의해 편견을 안고 있는 시스템의 심하게 폐쇄적인 생태계는 고유의 불투명성을 해결해야 한다는 경종을 울렸다.

그래도 불투명한 인공 지능이 작동하는 방식에 대한 더 많은 통찰력을 제공하는 '회색 상자' 정도의 새로운 컴퓨팅 방법이 드러나고 있다. 그들의 작동 방식을 알아내지 못하더라도, 인공 지능이 왜 무언가를 하라는 지시를 받는지 묻기 시작하는 노력이 이루어져 양심에 상응하는 것을 만들 수 있을지도 모른다. 우리는 이해하는 인공 지능과 윤리를 가르치는 인공 지능 모두를 기대하고 더 큰 노력을 쏟는다. 기계의 끝없는 근면이 성공에 도달할 때까지 계속 반복되도록 하는 동안 인공 지능을 이해하고 인공 지능에 윤리를 가르치기 위해 더 많은 노력을 기대하고 요구해야 한다.

솔직히 말하면 인공 지능은 대중 매체에서 점점 흔한 주제가 되어가기 때문에 이를 두려워하기 쉽다. 당신의 말을 듣지 않는 로봇 청소기, 당신을 착취하는 심박 조정 앱, 혹은 당신의 모든 온라인 계정을 통제 불가능한 봇으로 바꿔 버리는 사이버 범죄 조직에 관한 뉴스를 들을 날이 머지않았다. 이런 일은 아직 발생하지 않았지만 모두 현재 기술로 가능한 이야기다.

그러한 재난이 발생한다면, 현재의 컴퓨터는 읽을 수 있는 소스 코드이거나, 숫자로 가득 찬 검은 상자 둘 중 하나로만 기능한다는 점을 기억하라. 뺑오르방이거나 뺑알라르뷔르이다. 둘 다 인간에 의해 IF-THEN 논리나 데이터로 가득 찬 검은 상자로 만들어졌고, 공개적으로 공유되거나, 닫힌 문 뒤에 숨어 있다.

공개된 기술이라면 우리는 공유하고 협동하고 함께 학습할 기회가 있다. 그리고 오픈 소스 코드의 공동 창시자와 비슷한 가치를 공유할 때 우리는 기술을 덜 두려워하게 된다. 당신이 오픈 소스 커뮤니티에 들어간다면 그곳에 있는 사람들 덕분에 올바른 일을 해야겠다는 책임감을 느낄 것이다.

대부분의 커뮤니티는 당신이 전문 컴퓨터 프로그래머이길 요구하지 않는다. 초보적인 '기계의 언어 구사자'도 환영한다. 당신의 기계의 언어 말하기 능력을 키우기 위해 수많은 오픈 소스 커뮤니티 중 하나에 가입하고 싶어 할까 봐,

howtospeakmachine.com에 커뮤니티 목록을 올려 두었다. 들어가고 싶은 이유? 오픈은 원래 공평함을 추구하니까.

5/ 기계를 경계하고 인간성을 지켜라

2015년 12월 6일 오전 4시가 조금 넘은 시각, 나는 팔로 알토Palo Alto의 엘 카미노 레알el camino real로 조깅을 나섰다. 여느 날과 같이 너무 덥지도 춥지도 않아 아침 조깅하기 좋은 날이었다. 습하지 않고 안전한, 내가 잘 아는 길이었다. 나는 조깅 이후 오전 6시에 예정된 전화 통화를 생각하고 있었다. 자동차 같은 것도 없었다. 하지만 6차선 도로를 건너려고 했을 때 신호등은 빨간 불로 바뀌려 했고, 나는 속도를 높였다. 길 반대 편은 늘 그랬듯 어두웠다. 빨간 불이 되기 전에 나는 길을 건넜고, 약간의 승리감을 느끼던 찰나, 내 오른발이 보도 가장자리에 걸렸다.

넘어졌다.

얼굴과 팔과 무릎으로 착지했다. 머리가 핑핑 돌았다. 여전히 조용하고 어두운 거리에는 아무도 없었다. 나는 왼손으로 내 얼굴을 만져 보았다. 젖은 느낌이 났고 이내 피가 난다고 추측했다. 오른손은 움직일 수 없었는데, 곧 내 오른쪽 팔꿈치에 무슨 일이 일어났다는 것을 깨달았다. 팔이 펴지지 않았기 때문이다. 팔꿈치가 무슨 작은 레고 블록처럼 느껴졌다. 무서웠다.

차 몇 대가 빠르게 지나갔다. 나는 어느 스타트업의 검은 후드티를 입고 있었다. 전화기도 없었다. 지갑도, 신분증도 없다. 내가 몇 보나 걸었는지 세어주는 새로운 애플 워치가 있었지만, 도움을 요청할 수는 없었다. 1세대였기 때문이다. 충격으로 몸이 떨리기 시작했다. 당장 에어비앤비로 돌아가야 했지만, 캘리포니아 기준으로 대략 열 블록은 떨어져 있었다. 길에는 아무도 없었다. 누가 있었더라도 시커먼 후드티를 입고 얼굴엔 피를 흘리고 있는 나를 도와줄 사람은 아무도 없을 것이다. 출근하느라 바쁜 사람이 갓 공포 영화에서 튀어나온 듯한 사람을 도와주기 위해 멈출까? 어두운 하늘을 올려다보자 나는 이상하게 편안함을 느꼈다. 내가 얼마나 무의미한 존재인지 와 닿았기 때문이다. 나는 그저 다른 사람들과 다를 것이 하나도 없는, 이 행성에 사는 생명체일 뿐이다. 놀랍도록 겸손한 느낌이었다. 나는 고통 속에서도 평화로웠다.

그 순간 MIT에서 훈련된 공대생 마인드가 솟아났다. 나는 스스로를 부품 몇 개가 고장 난 채로 수리를 위해 기지로 돌아가야 하는 화성 탐사선이라고 생각했다. 엔지니어는 시스템에 장애가 발생할 경우를 대비해 장치에 중복된 시스템이 갖춰져 있다는 사실을 잘 안다. 그리고 나의 에어비앤비로 돌아갈 방법이 분명히 있을 것이라 생각했다. '기계가 되기' 마인드 컨트롤은 고통을 완전히 잊게 해주었다. 아드레날린이 도움이 되었으리라.

나는 곧 몇 걸음만 걸어도 쓰러진다는 사실을 깨달았다. 일어나서, 몇 걸음 걷고, 바닥에 누워 버렸다. 나는 이 행위를 계속 진행했다. 엘 카미노 레알의 넓은 콘크리트길을 벗어나기 시작했을 때, 이웃집의 부드러운 잔디밭에 얼굴을 부빌 때의 편안한 감정을 상상하며 앞으로 나아갈 힘을 얻었다.

다행히 나는 에어비앤비로 돌아와, 휴대 전화를 찾았고, 비서에게 전화해 가까운 병원의 위치를 알아냈고, 피를 닦고, 우버를 불렀다. 오전 5시 30분경 응급실에 도착했을 때 나는 클립보드와 연필을 건네받았다. 나는 오른손잡이고 쓸 만한 팔 하나는 부러져 버렸지만, 재빨리 왼손잡이에 적응하여 초등학교 2학년 같은 글씨체로 최선을 다해 양식을 채워 나갔다.

나는 한 시간 정도 입원실에서 걱정스럽게 기다렸다. 내가 원하는 것은 오직 의사를 만나는 것뿐이었다. 마침내 의사 같은 사람이 들어와서 나의 찢어진 얼굴을 보았다. 윗입술 사이로 보이는 앞니는 부러진 상태였다. "끔찍하군요!" 환자의 머리맡에서 그런 말을 하다니, 의사가 아닐 것이라 생각했지만, 확신은 할 수 없었다. "목이 움직여지나요?" 움직여졌다. 심각한 표정으로 그가 외쳤다. "운이 좋았네요!" 그 순간 나는 즉시 안도감을 느꼈다. 나도 동의했다. "그러네요, 운이 좋네요!" 내가 목을 못 움직였다면 얼마나 끔찍했을지 생각해 보았다. 나는 아마 보도 위에 쓰러져 걷지도 못하는 완전히 부서진 기계였을 것이다. 너무 감사했다. 그는 내 얼굴을 꿰매 주었다.

30분 후 간호사가 들어와 나를 보더니 이렇게 물어보았다. "도대체 무슨 일이 있었나요?"

나는 대답했다. "조깅하다가 넘어졌어요."

심각하게 꾸짖는 목소리로 그가 말했다. "운동은 몸에 좋지 않아요. 몰랐나요?"

그의 농담에 나는 웃어보려 했지만 꿰맨 곳의 마취 기운 때문에 잘되지 않았다.

그는 이어갔다. "형광 조끼를 입거나 등을 달았나요?"

"아니요." 내가 대답했다.

"차에 치일 수도 있었다고요!"

정말 차에 치일 수도 있었다는 생각을 하니 또 다른 기쁨의

섬광이 지나갔다. 2년 동안 나는 항상 검은 옷을 입고 아침이 밝기 전 조깅을 나갔다. 지나고 나서 보니 뇌가 없는 것 같다. 나의 부주의로 인해 그 유명한 실리콘 밸리의 조용하고 빠른 전기차에 치일 뻔한 내 모습을 그려 보았다. 나는 더욱 안도했고 행복했다.

다음 날 수술실로 이동해 마취가 막 시작되면서 깨달음을 얻었다. 잠에 빠지면서 황혼의 분홍빛이 보이기 시작할 때, 나는 디지털 시대가 기술과 인간 사이의 불균형을 해결해야 한다는 것을 깨달았다.

비록 나의 회복 과정은 기술적으로 할 일이 많았지만, 그 순간은 나의 가장 가까운 사람들에게 집중하라는 깨달음을 얻게 해준 종교적인 순간에 가까웠다. 그래서 나는 나를 치료하는 최신 기술에 감탄하는 대신, 기계 옆에서 열정적으로 일하는 많은 사람을 관찰했다. 의사, 간호사, 기술자, 안내원, 수술 후 나를 돌봐 준 에어비앤비 호스트 베티와 베니, 청소부, 영양사, 내가 스스로 짐 가방을 머리 위 보관함에 올릴 수 없다는 것을 깨닫고는 내 가방을 대신 올려준 승무원, 그리고 내가 일터로 복귀할 수 있게 도와준 기계가 아닌 모든 것들. 또한, 내가 만나 볼 기회는 없었지만 엔지니어, 디자이너 등 제품에 관련된 사람들과 어딘가 보이지 않는 곳에서 나를 치료할 기계를 만든 이들처럼, 간접적으로 나에게 도움을 준 사람들을 생각했다. 상태가 좋아지다 나빠지다를 반복하며 회복에는 10개월이 걸렸고, 이는 분명 무어의 속도는 아니었다. 하지만 나는 그 모든 것을 다시 하라고 해도 기꺼이 그럴 것이다. 이 여정은 그만한 가치가 있었기 때문이다.

다른 사람들의 인간성을 인지하며 자신의 인간성을 알아가는 것은 기술이 당신에게 줄 수 없는 선물이다. 나는 누구도 아프기를 원하지는 않지만, 누군가 내가 왜 그렇게 포용에 빠져 있냐고 묻는다면 나는 뼈가 부러지는 경험을 한 번 해 보라고 이야기한다. 그러면 그들은 보통 아주 예의 바른 어조로 "아니요. 괜찮아요."라고 한다. 그럼에도 나는 그들에게 고집을 부릴 것이다. 그것이 나에게 주어진 특권을 온전히 이해하게 했기 때문이다. 회복 기간 동안 나는 자주 내가 참 운이 좋다는 생각에 빠지곤 했다. 모든 것을 희생한 부모님 덕분에 MIT라는 좋은 학교에 가서 기계에 관해 배울 수 있는 모든 것을 배우지 않았는가. 나는 특별한 사회적 지위로 인해 건강 관리를 받지만, 부모님께는 그런 기회도 없었다. 그리고 우리 주변의 사람들과 지금의 우리를 있게 해 준 사람들에게 책임감과 감사의 마음을 가져야겠다는 생각이 내 앞에 단단히 뿌리내렸다.

나는 이것이 기계의 언어를 이해하게 된 당신이 이 새로운 언어 능력을 키우면서 가지고 가야 할 마지막 한 가지라고 생각한다. 컴퓨터처럼 생각할 줄 아는 사람으로서 절대 잊지 말아야 할 것은 인간성을 지켜야 한다는 것이다. 우리는 디지털 시대를 이끌어 온 장본인이다. 그리고 우리는 오늘날 불균형을 만들어 내는 특성 때문에 책임감을 가지고 사용해야 하는 디지털 제품과 서비스의 의미를 붙잡고 싸우고 있다. 의식적으로 새로운 경로를 만들어 내지 않는다면 만들어질 불균형을 해결하기 위해, 우리는 그 어느 때보다 포용적으로 생각하고 작업해야 한다.

이것은 모두 협업과 협동의 차이에서 온다.

협업	협동
= 함께 독립적으로 일한다.	= 함께 의존하며 일한다.

협업은 다른 부분을 깊게 이해할 필요는 없기 때문에 협동보다 쉽다. 컴퓨터 진화의 역사 대부분에서 인간의 주류 세계는 어떤 알 수 없는 이유로 계속 변화하는 기계와 협업하도록 학습되어왔다. 한편, 실리콘 밸리 등에서 컴퓨터처럼 사고하는 소규모의 사람들은 클라우드에 숨어 있는 전지전능한 힘과

무어의 속도를 인지하며 협동해 왔다. 그리고 우리는 그들이 인류를 위해 앞으로도 잘 협동할 것이라고 믿는다. 아마 이 책을 읽기 전까지 당신은 컴퓨터, 혹은 컴퓨터와 협업하는 사람들과 직접적으로 쉽게 협동할 수 없었을 것이다. 당신이 보이지 않는 세계로 들어가 그 역사와 관습, 표준을 배우는 데 시간을 들이지 않았으므로 당연한 일이다. 당신은 기계의 언어를 전혀 알지 못했다. 하지만 지금은 다르다. '약간'일지라도.

기계는 끊임없이 반복한다. 기계는 무한대로 크면서 무한소로 작다. 기계는 살아 움직이고 있다. 기계는 불완전하고 불균형을 만들어 낸다. 마치 우리처럼. 우리가 무엇을 하려는지 아는 기계를 사용할 때에는 책임감을 가져야 한다.

기계는 우리가 지켜보는 가운데 전 세계적인 불균형을 만들어 낸다. 기계를 경계해라. 그리고 인간성을 지켜라.

감사의 말/

이 책을 나의 부모님인 엘리노어 '유미'와 요지에게 바친다. 부모님께서 나에게 컴퓨터를 사 줄 돈을 충분히 모으지 못하셨다면, 오늘처럼 컴퓨터를 이해할 기회조차 갖지 못했을 것이다.

이 책을 쓸 수 있는 자격과 용기를 준 편집자 니키 파파도풀로스Niki Papadopoulos에게도 깊은 감사를 전한다. 니키는 당신이 이 책에서 읽은 아이디어를 마음껏 탐구할 수 있도록 나에게 심리적으로 안전한 공간을 제공해 주었다. 라페 사갈린Rafe Sagalyn의 선견지명은 여전했고, 로라 파커Laura Parker는 나의 글쓰기 스승이 되어 주었다. 레베카 쇼엔달Rebecca Shoenthal을 비롯한 포트폴리오 팀은 이 프로젝트를 마칠 수 있도록 나를 열정적으로 이끌어 주었다. 당신이 가진 이 책의 형태를 만들어 준 모든 팀원에게 감사드린다. 기술 감수를 맡은 분들께는 특별히 더 큰 감사를 전한다. 케빈 베튠^{Kevin Bethune}, 트레이시 추 Tracy Chou, 마틴 에릭손^{Martin Eriksson}, 알렉시스 로이드, 로셸 킹 Rochelle King, 테레사 오스틴^{Theresa Austin}은 원고 전체에 흐트러져 있던 버그를 찾는 데 도움을 주신 분들이다.

휴머니스트로서 컴퓨터를 이해하는 여정에서 나에게 아이디어와 용기를 준 사람들이 있다. MIT에 있던 시절, 영웅처럼 나타났던 그 사람들을 나의 멘토로 삼은 것은 행운이었다. 나는 당신을 잘 모르지만, 늙어간다는 것은 당신이 존경했던 사람들이 사라짐을 의미한다는 것을 깨달았다. 무리엘 쿠퍼^{Muriel Cooper}, 폴 랜드^{Paul Rand}, 이코 타나카^{Ikko Tanaka}, 윌리엄 J. 미첼, 로버트 실베이^{Robert Silbey}, 레드 번스^{Red Burns}, 찰스 M. 베스트, 휘트먼 리처즈^{Whitman Richards}, 미츠 카타오카^{Mits Kataoka}, 그리고 가장 최근, 1980년대 나의 MIT 인공 지능 교수였다가 동료가 된 패트릭 헨리 윈스턴^{Patrick Henry Winston}까지. 나는 이들 생전의 사고방식을 만나서 행운이라고 생각한다. 만약 당신이 신선한 빵과 오래된 빵의 차이를 안다면, 오븐에서 갓 구워낸 빵이 아니라면 만족하기 힘들 것이기 때문이다.

나의 시스템에서 컴퓨터 버그를 없앤 후, 나를 매혹시킨 분야인 조직과 그 변화에 관심이 쏠렸다. 무어의 법칙이 매년 두 배로 우리 세상에 영향을 미친다면 조직 변화의 시작에 대해 신중할 수밖에 없다. 빠르고 가급적이면 기하급수적으로. 이 문제에 대한 나의 생각은 이분들과의 작업에서 영감을 얻었다. 레기나 듀간, 휴고 자라친Hugo Sarrazin, 아이비 로스Ivy Ross, 제이슨 프라이드Jason Fried, 킴 스콧Kim Scott, 스콧 벨스키Scott Belsky, 베스 콤스톡Beth Comstock, 벡키 버몬트 Becky Bermont, 캣 누네Cat Noone, 하즈 플레밍스Hajj Flemings, 마리아 쥬디스Maria Giudice, 데이비드 그레인저David Granger, 마리나 미할라키스Marina Mihalakis, 베티와 베니 셴Betty and Benny Xian, 조지아 프란시스 킹Georgia Frances King, 캐서린 슈왑Katharine Schwab … 쓰다 보니 끝나지 않을 것 같아서 책의 웹 사이트인 howtospeakmachine.com에 꾸준히 올려 두겠다.

마지막으로, 벤 이치노세Ben Ichinose(1929-2019)에게 감사를 전한다. 완전히 낯선 사람이었던 그는 《단순함의 법칙》 출간 이후 나에게 갑자기 전화를 걸어왔다. 그는 치과 의사로 일하다 은퇴한 후, 수년 동안 자신의 단순함의 원칙을 보여주기 위해 뒷마당에 전통적인 일본식 정원을 손으로 직접 만들고 있었고 그것을 나에게 보여주고 싶어 했다. 그는 내게 여러 번 전화를 걸었고, 나는 여러 번 거절하다 마침내 그의 뒷마당을 보러 갔다. 그의 상징과 같은 비행사 선글라스를 낀 채, 벤은 내게 1966년산 와인과 신선한 빵을 대접했다. 내 인생에서 컴퓨

팅을 이상할 정도로 매혹적으로 구현한 사람이 있다면, 그는
바로 벤이었다.

제품의 언어

디지털 세상을 위한 디자인의 법칙

초판 발행일 2021년 1월 11일

1판 1쇄 2021년 1월 18일

발행처 유엑스리뷰

발행인 현호영

지은이 존 마에다

옮긴이 권보라

디자인 임지선

주소 서울시 마포구 월드컵로1길 14 딜라이트스퀘어 1차 114호

팩스 070.8224.4322

등록번호 제333-2015-000017호

이메일 uxreviewkorea@gmail.com

ISBN 979-11-88314-67-6

How to Speak Machine
by John Maeda